Edel Marzinek-Späth

Spiel und Spaß mit Pferden

Die Deutsche Bibliothek – CIP-Einheitsaufnahme

Marzinek-Späth, Edel:
Spiel und Spass mit Pferden / Edel Marzinek-Späth. –
München : F. Schneider, 1997
   ISBN 3-505-10575-9
NE: HST

Dieses Buch wurde auf chlorfreies, umweltfreundlich hergestelltes
Papier gedruckt. Es entspricht den neuen Rechtschreibregeln.

© 1997 by Franz Schneider Verlag GmbH
Schleißheimer Straße 267, 80809 München
Alle Rechte vorbehalten
Titelfotos: Sabine Stuewer
Umschlaggestaltung: ART-DESIGN Wolfrath, München
Lektorat: Carola Nowak
Herstellung: Gabi König
Satz: Hans Buchwieser Satz- und Druck-Service GmbH, Kirchheim
Druck/Bindung: Tiskarna Mladinska Knjiga, Slovenia
ISBN 3-505-10575-9

INHALT

Reiterspiele gibt es in aller Welt

Reiterspiele – so alt wie das Reiten selbst

Was ist eigentlich ein Reiterspiel? Handelt es sich dabei um ein lockeres Freizeitvergnügen oder um einen Wettkampf nach festen Regeln, um eine amüsante Schauvorführung oder um das Training von späteren Leistungs-Pferdesportlern?

Spiele zu Pferd und mit dem Pferd können von alledem etwas haben, je nach ihrer Art und nach den Anforderungen, die sie an die Vierbeiner und an deren Reiter stellen. Es gibt eine unendliche Fülle solcher Spiele – vom einfachen Kurzrennen bis zum anspruchsvollen Geländeslalom, vom lustigen Kostümreiten bis hin zum komplizierten, leistungsorientierten Teamspiel.

 ### Der Ursprung der Reiterei

Man nimmt an, dass die Reiterei ihren Ursprung in den mongolischen Steppen hatte, im Herzland Asiens, das heute zweigeteilt ist – in einen chinesischen Landesteil, die Innere Mongolei, und in den selbstständigen Staat Mongolische Volksrepublik mit der Hauptstadt Ulan Bator. Dieses Hochland zwischen Sibirien und der Wüste Gobi ist von endlosen, hügeligen Grassteppen, von Senken mit Salzsümpfen, breiten Flusstälern und Gebirgen geprägt, die zum Teil mehr als 4.000 Meter hoch aufragen. In dieser Region mit ihren extrem langen, harten Win-

tern und kurzen, warmen Sommern sind Pferde und Menschen vermutlich bereits aufeinander gestoßen, noch bevor eiszeitliche Wildpferde nach Mitteleuropa und Arabien einwanderten. Die Vorfahren der heutigen Mongolen jagten die Pferde wohl zuerst um sich vom Fleisch der Tiere zu ernähren. Später führten die wandernden Viehzüchter dann Pferdeherden mit sich, die ihnen Fleisch, Milch, Leder, Knochen und Fell lieferten. Und irgendwann schwangen sich die ersten Menschen auf die Rücken der schnellen Tiere um mit dem Wind um die Wette durch die Weiten der Steppe zu reiten – nur so zum Spaß!
Wahrscheinlich kamen die Menschen erst durch dieses spielerische Reiten auf die Idee das Pferd zum Reit- und Zugtier zu machen, das von nun an mannigfaltige Dienste leistete.
Aus Zentralasien brachen vor etwa 6.000 Jahren erstmals auch berittene Krieger zu Pferd auf um westliche Bereiche Asiens zu erobern. Spätere Generationen drangen nach Vorderasien und Mitteleuropa vor, unterwarfen ganze Völker und zogen sich doch wieder in ihre an-

gestammte Heimat zurück. Beim Vordringen der Hunnen im fünften Jahrhundert nach der Zeitenwende lernten auch die Europäer deren Reittiere kennen: kleine, flinke, unglaublich ausdauernde und wendige Pferde, die keinen Stall kannten und die Gebirge genauso sicher überwanden, wie sie lange Strecken in der Ebene zurücklegten oder Wasserläufe durchquerten.

 ## Spiele mit Tradition

In der Mongolei leben Nachfahren der damaligen Menschen und Pferde noch heute wie in alten Zeiten. Das Nomadentum in der Mongolei wurde zwar durch die heutigen Staatsregierungen stark eingeschränkt und auch die Eroberungszüge in den Westen sind nur noch Legende. Doch die verbliebenen Wanderhirten besonders in der Mongolischen Volksrepublik pflegen die überlieferten Reiterfeste weiterhin. Zu den Spielen gehören neben dem Bogenschießen vom Pferd aus auch Jagd- und Verfolgungsspiele, bei denen die Reiter versuchen sich gegenseitig Trophäen

abzujagen. Außerdem werden heute noch Wettrennen über lange Distanzen veranstaltet, an denen schon Kinder unter zehn Jahren teilnehmen. Uralt sind diese Spiele – vermutlich eben genauso alt wie das Reiten selber.

In anderen Teilen der Welt, nämlich auf dem amerikanischen Doppelkontinent und in Australien, gibt es erst seit wenigen Jahrhunderten berittene Pferde- und Viehhüter. Vor rund 500 Jahren kamen von Europa aus wieder Pferde nach Amerika, nachdem sie dort schon vor langer Zeit ausgestorben waren. In den USA nennt man die Hirten zu Pferd Cowboys und in den spanischsprachigen Gebieten im Südwesten Nordamerikas Vaqueros. In südamerikanischen Ländern heißen sie Gauchos und in Australien Stockmen. Schon bei den ersten Besiedlungen durch Europäer entstanden in diesen Erdteilen riesige Farmen, auf denen das Weidevieh nur von Pferden aus überwacht und umgetrieben werden konnte. In ihrer Freizeit stellten die Viehhüter öffentlich ihre Fähigkeiten unter Beweis, die sie auch bei ihrer täglichen Arbeit brauchten. Dazu gehörte unter anderem das Zureiten halbwilder Pferde. Die bei uns bekanntesten Reiterspiele Amerikas sind die Rodeos der Cowboys. Bei vielen derartigen Veranstaltungen handelt es sich heute jedoch nur noch um Showspektakel, die auch in europäischen Ländern stattfinden und zumindest hier ausschließlich von professionellen Rodeoreitern bestritten werden, die keinerlei Farmarbeit leisten.

Ritterspiele haben bei uns seit dem Mittelalter Tradition

Die Vorgänger und heutigen Kollegen der Reiterhirten in Amerika sind unter anderem die Gardians in Frankreich, die Butteri in der italienischen Toskana und die Csikós in Ungarns Puszta. Als blutiges, grausames „Reiterspiel" hat sich zum Beispiel in Frankreich bis heute der Stierkampf zu Pferd erhalten.

Die großen Völker der früheren Zeiten, beispielsweise die alten Ägypter, Griechen, Römer und Germanen, veranstalteten Reiterspiele häufig zu Ehren von Gottheiten, Herrschern oder siegreichen Feldherren oder zu Ehren des Pferdes selbst. Schon früh wurden Spiele mit Pferden auch zur Unterhaltung des Adels abgehalten. Krieger trainierten bei Reiterspielen für den Kampf und stellten ihren Mut unter Beweis. Eines der ältesten Einzelspiele ist wohl das Ringstechen, bei dem der Reiter mit einer Lanze oder einem Stab Ringe von unterschiedlicher Größe aufnehmen muss. Noch bekannter ist eines der ältesten Elite-Mannschaftsspiele, nämlich Polo (siehe Seite 17).

Viel später erst, ungefähr in der Zeit vom zehnten bis zum 14. Jahrhundert nach der Zeitenwende, gab es bei uns die Ritterspiele, die heute als Shows auf manchen Burgen und in Freizeitparks nachgeahmt werden. Auch sie gehen auf alte Kriegsvorbilder zurück. Da reiten zum Beispiel zwei „Ritter" gegeneinander an um den Gegner mit einer Lanze aus dem Sattel zu stoßen. Bei einer anderen Aufgabe galoppiert man mit einem Speer auf eine sich drehende Figur zu, von der man einen Schlag in den Rücken bekommt, wenn man nicht schnell genug weiterreitet.

Weniger kriegerisch ging es bei den höfischen Quadrillen und Karussells zu. Auch dieses graziöse Formations- und Figurenreiten stammt zwar aus dem Kriegswesen, doch das Quadrillereiten und -fahren entwickelte sich zu einer richtigen Kunstform, die sich bis heute erhalten hat und sogar verstärkt gepflegt wird (siehe Seite 91). Reiterspiele mit militärischen Zügen gibt es bis heute in den wenigen Ländern, in denen sich berittene Armee-Einheiten erhalten haben. Moderne Reiterspiele werden zum Beispiel auch von Polizeieinheiten und Gardisten zu Pferd wie etwa von der Royal Horse Garde des britischen Königshauses veranstaltet. Dagegen laufen beispielsweise Reiterspiele in Arabien und Nordafrika, die so genannten Fantasias, noch heute so ursprünglich und wild ab wie wohl schon in Urzeiten: Reiter sprengen mit gezückten Degen oder knallenden Gewehren eine gerade Bahn entlang und stoppen ihre Pferde aus rasantem Galopp knapp vor den Zuschauern, denen dabei der Atem stockt.

Bei uns werden Reiterspiele heute in vielen Formen durchgeführt, privat im kleinen Kreis ebenso wie öffentlich als besondere Form des Leistungssports oder als „Breitensport" im Reitverein.

In diesem Buch wird eine Auswahl bewährter Spiele vorgestellt, die es teils in verschiedenen Variationen gibt und die sich vor allem auch für Einsteiger eignen. Außerdem werden einige Reiterspiele beschrieben und in Bildabfolgen gezeigt, für die man schon einige Übung und Erfahrung im Sattel braucht.

Bevor es jetzt an an die Spiele geht, werden aber noch kurz die Grundlagen des Reitens dargestellt. Denn die sollte jeder beherrschen, der bei einem Reiterspiel mitmacht – nicht nur im eigenen Interesse, sondern vor allem im Interesse unserer vierbeinigen Kameraden, ohne die kein Reiter ein Reiter wäre: der Pferde.

Polo

Polo ist nichts anderes als Hockey zu Pferd. Dieses rasante, anstrengende Spiel gab es in Persien bereits vor über 2.500 Jahren. Andere Völker des Vorderen Orients und Asiens übernahmen es. Erst im 19. Jahrhundert gelangte Polo durch britische Kolonialoffiziere auch nach Westeuropa. In den Jahren 1908, 1920, 1924 und 1936 war es sogar olympische Disziplin.

Jeweils zwei Teams mit je vier Spielern treten gegeneinander an, die beiden Schiedsrichter sind ebenfalls beritten. Mit langen Schlägern versuchen die Reiter einen kleinen Ball ins gegnerische Tor zu treiben. Das Spielfeld ist etwa doppelt so groß wie ein Fußballfeld: Es kann 275 Meter lang und maximal 182 Meter breit sein. Ein Spiel dauert in der Regel 42 Minuten, die in sechs „chukkers" (Spielabschnitte) von je sieben Minuten unterteilt werden. Dazwischen liegen Pausen, die in der Regel drei beziehungsweise einmal auch fünf Minuten lang sind.

Die Zügel werden einhändig geführt, da die rechte Hand des Reiters den Schläger hält. Für die Pferde sind weder Rasse noch Größe vorgeschrieben. Früher war das Stockmaß auf 1,47 Meter begrenzt. Daher rührt auch der Name Polopony, der beibehalten wurde, obwohl heute eine Größe von 1,52 bis 1,54 Metern als ideal betrachtet wird. Argentinien, Brasilien, die USA, Großbritannien, Australien und Neuseeland zählen zu den etwa 40 Ländern, in denen Polo bevorzugt – und als Leistungssport – betrieben wird. Vor allem in den südamerikanischen Ländern gibt es seit langem eine eigene Pferdezucht für Poloponys; die Grundlage bildeten anfangs Kreuzungen aus kleinen zähen Arbeitspferden und Vollblütern. Die Namen von Polopferden sucht man auf Turnierlisten allerdings vergebens; genannt werden nur die Reiter beziehungsweise Spieler, unter denen sich übrigens bislang nur selten Frauen befinden.

Wer an Reiterspielen teilnehmen möchte, muss erst einmal richtig reiten lernen

Ausbildung und Ausrüstung für Reiter und Pferd

Reiterspiele können und sollen Spaß machen – aber es muss ganz klar gesagt werden, dass man nicht einfach drauflosreiten kann. Sie erfordern wie jede andere Art selbstständig im Sattel zu sitzen, dass man zumindest eine reiterliche Grundausbildung hinter sich gebracht hat und entsprechend geübt ist. Vor dem Reiterspiel kommt also in jedem Fall das Reitenlernen. Völlige Anfänger sind für die Teilnahme an Reiterspielen genauso wenig geeignet wie für Dressurlektionen oder Ausritte. Rauf aufs Pony und ab durch die

Mitte – das ist kein Reiten, sondern Herumgehopse zulasten des Tieres, auch wenn es sich vielleicht nicht dagegen wehrt. Wenn man ein Pferd so behandelt, werden bei ihm im Lauf der Zeit Schäden auftreten, die oft sogar eine frühe Tötung des Tieres nach sich ziehen. Und der Reiter selbst kommt auf diese Art auch nicht viel weiter. Also ist es sinnvoll sich so bald wie möglich nach einem guten Reitunterricht umzusehen, in dem man zwar gefordert wird, der einen aber auch vorwärts bringt – im doppelten Wortsinn.

Übrigens: Auch Leute, die meinen, dass sie schon ganz gut reiten können, sollten ihre Fähigkeiten im Sattel immer wieder einmal selbstkritisch überprüfen beziehungsweise kontrollieren lassen. Fehler in der Haltung treten auch bei erfahrenen Reitern auf und man gewöhnt sie sich schneller an als wieder ab.

Das Reiten an der Longe

In den ersten Unterrichtsstunden kommen Reitschüler in der Regel erst einmal „an die Longe" – genauer gesagt: Das Pferd wird an die Longe genommen. Dabei handelt es sich um eine lange Leine, die am Zaumzeug des Pferdes befestigt wird. Der Reitlehrer steht in der Mitte der Reitbahn und lenkt das Pferd an der Longe im Kreis um sich herum. Der Reitschüler sitzt im Sattel, aber er nimmt die Zügel nicht in die Hände.

Am Anfang ist es ja am wichtigsten, dass man lernt auf dem Pferderücken die Balance zu halten, also nach und nach in allen Gangarten im Gleichgewicht zu bleiben. Das bedeutet, dass sich der Reiter jeder Bewegung des Pferdes geschmeidig anpassen kann. Erst dann bekommt er auch ein Gefühl für den richtigen Sitz und ist in der Lage auf das Pferd einzuwirken. Die meisten Anfänger sitzen erst einmal unruhig im Sattel, fallen ihrem Pferd dadurch ständig in den Rücken, verspannen sich aus Unsicherheit und geraten dann noch mehr aus dem Gleichgewicht. Wenn sie die Zügel in die Hände bekämen, würden sie dem armen Pferd damit außerdem auch noch im Maul herumreißen.

An der Longe kann man sich also erst einmal ganz auf eine Sache, nämlich auf seine Haltung im Sattel, konzentrieren und wird nicht wie beim freien Reiten gleich überfordert.

Anfänger werden an die Longe genommen

Außerdem kann der Ausbilder ganz auf den Schüler und dessen Probleme eingehen, da er nicht gleichzeitig noch Mitschüler betreuen muss. Übrigens nehmen auch manche fortgeschrittenen Reiter immer mal wieder Longenstunden um sich dabei ungestört dem richtigen Sitz und der Balance widmen zu können.

Die Hilfengebung

An der Longe braucht man sich nicht darum zu kümmern, wie und wohin das Pferd läuft. Doch sobald man frei reitet, muss man dem Tier selber klarmachen, was es tun soll. Man wählt die Gangart, das Tempo, die Richtung, die Wege und so weiter und teilt dem Pferd durch Körpersignale mit, was man von ihm möchte. Diese Signale nennt man allgemein Hilfen. Sie werden eingeteilt in Gewichts-, Schenkel- und Zügelhilfen. Solche Hilfen gibt es in jeder Reitweise. Das ist die jeweilige Lehre, nach der Pferde und Reiter ausgebildet werden. Die einzelnen Reitstile unterscheiden sich im Sitz des Reiters, in den einzelnen Hilfen und in

der Ausrüstung. Bevor man reiten lernt, muss man sich also auch für einen bestimmten Stil entscheiden.

Die herkömmliche Reitweise

Die bei uns häufigste Reitweise hat mehrere Bezeichnungen – herkömmlich, europäisch, deutsch, kontinental, englisch oder klassisch. Es handelt sich dabei um den Stil, den man auch im internationalen Reitsport mit den Disziplinen Dressur, Springen und Vielseitigkeit antrifft. In dieser Reitweise unterscheidet man grundsätzlich zwei Sitzarten: einerseits den Normal-, Dressur- oder Grundsitz und andererseits den leichten Sitz beziehungsweise Springsitz. Beim Normalsitz bleibt der Reiter ständig mit dem Gesäß im Sattel. Sein Gewicht überträgt sich bei jeder Bewegung des Pferdes voll auf dessen Rücken. Um diesen im Trab zu entlasten wird teilweise leichtgetrabt. Dabei hebt man das Gesäß bei jedem zweiten Tritt des Pferdes leicht an und setzt sich beim nächsten Tritt wieder weich in den Sattel.

Damit der Pferderücken zum Beispiel beim Springen voll entlastet wird, hebt der Reiter das Gesäß vor dem Absprung oder schon im Angaloppieren aus dem Sattel und lehnt den Oberkörper nach vorn; auf diese Weise bleibt er auch beim Springen im Gleichgewicht mit dem Pferd. Im Gelände sitzt man im Galopp ebenfalls im leichten Sitz, im Trab wird dort stets leichtgetrabt.

Bis man als Anfänger an Ausritten teilnehmen kann, muss man erst einmal die „Grundschule" in der Reitbahn durchlaufen und sattelfest werden. Auf dem Reitplatz oder in der Halle lernt man auch die Hilfen und die Hufschlagfiguren kennen. Letztere sind gedachte gerade und gebogene Linien durch die Bahn, denen man folgt. Sie haben zum einen den Zweck beim Reiten für eine klare Ordnung zu sorgen, zum anderen kann man dabei fast jede Art von Hilfe üben und die Pferde werden ebenfalls trainiert.

Übrigens reitet man in der Bahn entweder auf der linken oder auf der rechten Hand, je nachdem, welche Körperseite des Reiters (und des Pferdes) sich auf der Innenseite der Bahn befindet. Die „Hand", auf der man reitet, heißt deshalb auch die innere Hand, die andere ist entsprechend die äußere Hand. Diese Bezeichnungen werden auch auf Körperteile wie zum Beispiel die Beine des Pferdes oder die Hände und Schenkel des Reiters übertragen.

Andere Reitstile

Als Westernreiten bezeichnet man den Reitstil, der sich von den berittenen Rinderhirten in den USA ableitet, von den weithin bekannten Cowboys.

Sitz und Ausrüstung im Westernstil

Hier sitzt man anders im Sattel als in der europäischen Reitweise. Die Zügel werden teilweise nur mit einer Hand geführt, da der Cowboy die andere Hand ursprünglich frei haben musste um zum Beispiel Gatter zu öffnen oder Rinder einzufangen. Diese Reitweise ist auf lange Ritte über weite Ebenen ausgelegt. Der Westernstil wird bei Freizeit- und Wanderreitern immer beliebter. Daneben gibt es aber auch eigene Westernturniere, bei denen die Reiter in verschiedenen Disziplinen gegeneinander antreten. An den meisten Reiterspielen können „herkömmliche" Reiter und solche im Westernsattel gleichzeitig teilnehmen.

Darüber hinaus gibt es noch weitere spezielle Reitweisen – etwa für Isländer und andere so genannte Gangpferde, die außer den Grundgangarten Schritt, Trab und Galopp oder anstelle einer dieser Gangarten Spezialgänge wie Tölt oder Pass beherrschen.

Die Ausrüstung

Die Grundausrüstung des Reitpferds besteht aus Zaumzeug und Sattel. Diese Gegenstände sind meist aus Leder und/oder Kunststoff gefertigt. Der Reiter beziehungsweise die Reiterin trägt in der Regel eine Reithose, Reitstiefel oder -schuhe und, was für Anfänger besonders wichtig ist, eine Reitkappe; nur Westernreiter wählen meist einen Westernhut als Kopfbedeckung.

Sicherheits-Reitkappe

Die allgemein gebräuchliche Sattelform im herkömmlichen Reitstil ist der Vielseitigkeits- oder Mehrzwecksattel. Er eignet sich für Dressurlektionen genauso wie für Ausritte oder fürs Springen über einfache Hindernisse – und für Reiterspiele. Außerdem gibt es besondere Sättel fürs Dressur- und fürs Springreiten, die aber nur von Leistungssportlern benötigt werden.

Der Westernsattel unterscheidet sich von den herkömmlichen Sätteln durch eine größere Auflagefläche, die das Gewicht des Reiters weiter über den Pferderücken verteilt, durch eine „Rückenlehne" und ein Horn am Vorderteil des Sattels. Andere Satteltypen wie beispielsweise Wanderreitsättel, Damen- oder Rennsättel spielen für Reitanfänger und zumeist auch bei Reiterspielen keine Rolle. Zum Sattel gehören auch Steigbügel, mit deren Hilfe der Reiter aufsitzt und die den Füßen während des Reitens Halt geben. Auch das Zaumzeug, also den Ausrüstungsgegenstand am Kopf des Pferdes, gibt es in verschiedenen Ausführungen. Man unterscheidet im Wesentlichen Zäume mit Gebiss und gebisslose Zäume. Beide Arten bewirken durch Druck auf empfindliche Stellen am Pferdekopf, dass das Pferd den Wünschen des Reiters folgt. Das Gebiss oder Mundstück besteht meist aus rostfreiem Metall, aus Kunststoff oder Gummi; es wird dem Pferd ins Maul gelegt und ist mit den Zügeln verbunden, die der Reiter in den Händen hält. Gebisslose Zäume, auch Nasenzäume genannt, wirken über Lederriemen, Metallbügel beziehungsweise -kettchen oder Kordeln auf Nasenbein, Kinnbein und Genick des Pferdes ein, wenn der Reiter eine Zügelhilfe gibt.

Häufig werden zusätzlich zum Zaumzeug so genannte Hilfszügel verwendet, die die Wirkung der Zäumung verstärken und das Pferd in eine bestimmte Haltung zwingen sollen. Bei Anfängern werden vielfach Stoßzügel, Ausbindezügel (Ausbinder) oder Martingale eingesetzt. Solange man solche Hilfskonstruktionen benötigt, sollte man aber nicht an Reiterspielen teilnehmen, sondern im Reitunterricht noch etwas an seiner Hilfengebung feilen!

 **Die Ausbildung des Pferdes**

Nicht nur der angehende Reiter muss ausgebildet und trainiert werden, sondern auch das zukünftige Reitpferd. Pferde sind von der Natur nicht darauf vorbereitet menschliches Gewicht und dazu auch noch eine Ausrüstung zu tragen! Sie müssen also eine gründliche Ausbildung durchlaufen. Für die erfolgreiche Schulung von Reitpferden braucht man umfangreiche Sachkenntnis, Einfühlungsvermögen in das Wesen des Pferdes und viel Geduld. Viele Pferde werden unsachgemäß ausgebildet und das wirkt sich meist auf ihr ganzes weiteres Leben nachteilig aus.

Nicht jeder fortgeschrittene Reiter ist in der Lage Pferde korrekt auszubilden – und das gilt natürlich erst recht für unerfahrene Kinder und Jugendliche, aber auch für Erwachsene ohne entsprechende Sachkenntnis.

Bevor aus einem Pferd ein Reitpferd werden kann, muss es erst einmal allgemein an den Umgang mit Menschen gewöhnt sein. Schon Fohlen sollten lernen sich führen zu lassen und bei Untersuchungen und Behandlungen ruhig stehen zu bleiben. Außerdem sollten junge Pferde bereits die Erfahrung machen, dass ihnen nichts Schlimmes passiert, wenn man eines ihrer Beine hochhebt und am Huf hantiert. Und sie sollten sich problemlos in Pferdetransporter verladen lassen. Im Alter von drei bis fünf Jahren bringt man den späteren Reitpferden dann bei einen Sattel und das Zaumzeug zu tragen – und danach auch einen Reiter. Wie ein Reitanfänger, so lernt auch ein Pferd anfangs an der Longe. Longieren heißt allerdings mehr als es nur im Kreis herumlaufen zu lassen. Das Pferd muss dabei sachgemäß gymnastiziert werden. Das heißt, dass es nicht nur lernen muss auf die Anweisungen des Menschen richtig zu reagieren. Daneben müssen auch die Taktreinheit, die Gleichmäßigkeit der Grundgangarten, der Schwung und die Losgelassenheit trainiert werden. Longenarbeit kann man übrigens auch noch auf andere Weise einsetzen. Sie ist zum Beispiel ein Mittel zum Lösen eines verspannten Pferdes oder zum Beruhigen eines heftigen Tieres. Außerdem kann man Pferde, die wegen einer Erkrankung oder Verletzung nicht geritten werden und auch nicht auf die Weide dürfen, an der Longe kontrolliert bewegen. Das Longieren ist auch eine gute Methode zur Korrektur von Pferden, die verritten sind.

Doch wenn man es nicht richtig gelernt hat, sollte man vom Longieren die Hände weglassen – man kann dabei nämlich viel falsch machen!

Das Striegeln und Bürsten vor dem Reiten sollte für jeden Pferdefreund eine Selbstverständlichkeit sein

Pferdepflege

Wer reitet, sollte sich auch um das Putzen und Pflegen seines Pferdes kümmern – egal, ob es ihm selber gehört oder nicht. Stallpferde sollen täglich geputzt werden, robust gehaltene Pferden müssen auf jeden Fall vor dem Reiten gesäubert werden. Beim Putzen werden abgestorbene Hautzellen, lose Haare, Staub, Schmutz und angetrockneter Schweiß entfernt. Außerdem wird die Durchblutung der Haut angeregt. In ungepflegtem Fell nisten sich leicht Hautparasiten ein und wenn man das Sattelzeug auf ein schlampig geputztes Pferd legt, können schmerzhafte Druckstellen entstehen. Manchmal entdeckt man auch erst beim Putzen kleine Verletzungen, beginnende Druckstellen oder kahl werdende Bereiche, die auf eine Hautkrankheit hinweisen können.

Zum Lösen des Schmutzes benutzt man eine Wurzelbürste oder einen Gummistriegel. Tabuzonen sind der Kopf, der untere Teil der Beine, die Gelenke und der Bereich um die Geschlechtsteile, die man besser mit einem Frottiertuch abreibt um die Haut nicht aufzuschürfen. Mit der Kardätsche, einer weichen Spezialbürste, wird das Fell anschließend sauber gebürstet. Den Staub, der sich in den Borsten absetzt, streift man nach jedem Bürstenstrich an einem Metallstriegel ab. Der Striegel wird zwischendurch auf dem Boden ausgeklopft. Schweif und Mähne hält man oben am Ansatz fest und bürstet sie strähnenweise durch. Noch besser ist es, die Schweifhaare mit den Händen zu verlesen, also Strähne für Strähne aufzulockern.

Viele Pferde haben unmittelbar nach dem Putzen einen auffälligen Drang sich bei nächster Gelegenheit zu wälzen! Der gründliche Pfleger hat die Fellhaare dann meist so schön glatt gebürstet, dass das Pferd die mühsam zum Glänzen gebrachte Pracht so schnell wie möglich aufzulockern versucht, damit das Fell wieder natürlich liegt. Nur so kann die Haut atmen. Außerdem braucht das Pferd ein Luftpolster im Fell, das zur Regulierung der Körperwärme beiträgt.

Reiterspiele sollen den Reitern und Pferden Spaß machen

Spiele in der Bahn

Es müssen nicht gleich die kompliziertesten Spiele sein, an denen man als Einsteiger teilnimmt. Dass man fest und sicher im Sattel sitzt, kann man schon bei verhältnismäßig leichten Aufgaben unter Beweis stellen. Außerdem braucht man sich nicht unbedingt an jedem Spiel zu beteiligen – schon im Interesse des Pferdes. Denn natürlich sollte auch jedem Teilnehmer an Reiterspielen daran liegen, dass sein Pferd nicht überfordert wird.

Auch wenn Reiterspiele oft als „Ponyspiele" bezeichnet werden, kann man normalerweise mit Klein- und Großpferden daran teilnehmen, sofern nicht ausdrücklich etwas anderes in der Ausschreibung steht. Wichtiger als die Größe des Pferdes ist in jedem Fall ein ruhiges Temperament, denn mit einem sehr ängstlichen oder nervösen Vierbeiner gibt es auch bei Reiterspielen meist Probleme. Und natürlich geht man auf keinen Fall mit einem verletzten oder kranken Pferd an den Start! Fairness gegenüber dem Tier ist, wie bei allen anderen Wettbewerben mit Pferden, oberstes Gebot. Wer seinem Pferd aus übertriebenem Ehrgeiz im Maul wehtut oder es mit der Gerte und womöglich gar mit Sporen trak-

tiert, der ist kein Pferdefreund, sondern ein Tierschinder. Gerade bei Reiterspielen sollte nicht nur das Siegen im Vordergrund stehen, sondern vor allem der Spaß am Spiel – für alle Beteiligten. Und dazu gehören nicht zuletzt auch die Pferde.

Spiel-Kategorien

Es gibt so viele Arten und Variationen von Spielen zu Pferd, dass in diesem Buch nur ein Teil davon dargestellt werden kann. Auf den folgenden Seiten werden besonders beliebte und bewährte Spiele gezeigt, die man grob in fünf Gruppen einteilen kann ohne sie jedoch exakt gegeneinander abzugrenzen.
Da sind zum einen einfache *Führ- und Reitaufgaben* wie Bierdeckelrennen, Zaumzeugrennen, Blinde Kuh, Kleiderspiel und Triathlon, Feuer-Wasser-Blitz und Tücherspiel.
Den zweiten Teil stellt das weite Feld der *Geschicklichkeitsspiele* dar. Dazu gehören Spiele wie Wasserschöpfen, Becherlauf und Pferde raten, Ringreiten, Ballongreifen, Ringrennen, Kekse schnappen, Kartof-

fellauf, Wäschestaffel, Apfelfischen oder Tennisslalom, Apfelhauen, Hindernislauf, Hüte stehlen, Kartoffel schälen und „Kekse essen und pfeifen". Zur dritten Kategorie, den *Wettläufen*, zählen unter anderem die Reise nach Jerusalem, das Damenrennen, Sackhüpfen und „Rettet den Gefangenen" sowie natürlich alle reinen Wettrennen (siehe Seite 30).
Zur vierten Gruppe, den *Ballspielen*, gehören Ballrennen, Ballstaffel, Prellball und Pferdefußball, auch Pushball genannt.
Und schließlich gibt es – fünftens – die sogenannten *Trailaufgaben*. Trail ist eine Disziplin im Westernreitsport, bei der meist Hindernisse durch- oder überritten werden müssen. Wir stellen ein paar typische Aufgaben vor, die sich gut auch einzeln im Rahmen von Reiterspielen ausführen lassen. Beim Trailreiten wird besonderer Wert auf ruhiges, gelassenes Vorgehen und auf die gute Zusammenarbeit zwischen Reiter und Pferd gelegt. Für Trailaufgaben bei Reiterspielen muss nicht unbedingt western geritten werden. Zu den Trailaufgaben gehört beispielsweise das Ast-

schleifen, das Reiten über eine Brücke und durch ein Stangenlabyrinth, das Öffnen und Durchreiten eines Tores und das Rückwärtsreiten zwischen L-förmig auf den Boden gelegten Stangen.

An vielen der beschriebenen Spiele kann man auch in Verkleidung teilnehmen. Manchmal gibt es sogar eine eigene Ausschreibung fürs Kostümreiten, etwa zu einem bestimmten Motto. Bei anderen Veranstaltungen wird gewertet, welches Kostüm die Zuschauer am originellsten, am witzigsten oder am schönsten finden. Hier gilt genauso wie für den Ablauf der Spiele: Der Fantasie sind keine Grenzen gesetzt!

Bei manchen Spielen werden auch einfache Sprünge verlangt

Stangentreten und Springen

Bei manchen Spielen werden auch Bodenstangen verwendet, über die die Pferde hinwegtreten müssen. Die Stangen können in Abständen, die der Größe des jeweiligen Pferdes entsprechen müssen, flach hintereinander auf der Erde liegen. Es gibt aber auch schwierigere Anordnungen, bei denen zum Beispiel jeweils ein Ende aller Stangen in die Halterungen eines Hindernisständers eingehängt wird, die anderen Enden werden fächerförmig auseinander gezogen. Bei einem solchen Stangenfächer kann man entweder bei der zutiefst liegenden Stange anfangen oder bei der, die ganz oben liegt. In jedem Fall erfordert dieses Hindernis einige Geschicklichkeit vom Pferd und eine sichere Führung durch den Reiter.

Wer schon etwas Übung im Springen hat, kann auch an Spielen teilnehmen, zu denen das Springen über niedrige Hindernisse gehört oder die ganz aus einem oder mehreren Sprüngen bestehen. Die Hürden können zum Beispiel aus Cavaletti, gerade liegenden oder gekreuzten Stangen, Strohballen oder Ästen bestehen. Häufig sind die Sprünge mit Zusatzaufgaben versehen – so muss man etwa ein Glöckchen anschlagen oder ein Band von einer Schnur abreißen.

Volles Tempo beim Ponyrennen

Wettrennen

Für Reiter, die gern einmal zeigen möchten, wie schnell ihre Pferde sind, gibt es im Rahmen von Reiterspielen manchmal Kurzstreckenrennen. Solche Rennen werden heute auch schon bei richtigen Turnieren der unteren Kategorie ausgetragen. Die Rennstrecke verläuft entweder geradeaus oder auf einem Oval- beziehungsweise Rundkurs. Manchmal gibt es auch Wendepunkte, sodass man die Strecke hin- und wieder zurückreiten muss. Immer häufiger werden außerdem so genannte Bauernrennen veranstaltet. Die ersten Rennen dieser Art wurden im 19. Jahrhundert ausgetragen. Seinerzeit mussten die Pferde für die großen Galopprennen noch bei Bauern in der Umgebung einer Rennbahn untergestellt werden. Zum Dank durften die Pensionswirte nach Ende der Saison Rennen mit ihren eigenen Pferden veranstalten; hauptsächlich waren das schwere Warmblüter, aber auch Ponys und sogar Kaltblüter. Dieser Brauch hat sich in gewandelter Form erhalten, obwohl heute alle größeren Rennbahnen eigene „Boxendörfer" haben, in denen die teilnehmenden Pferde während der Renntage untergebracht werden können. Bei Bauernrennen darf heute jeder beliebige Reiter – egal, ob Landwirt oder nicht – mitmachen, sofern sein Pferd gesund ist, beide ein bestimmtes Alter haben und zu einer der Gruppen passen, für die solche Rennen ausgeschrieben werden. Es gibt zum Beispiel schon Rennen für die kleinsten Ponyrassen mit entsprechend jungen Reitern, aber auch solche für Araber oder Halbblüter. An manchen Orten werden auch eigene Rennen nur für Kaltblutpferde ausgetragen.

 **Das Kleine und das Große Hufeisen**

Wie wäre es zwischendurch mal mit einer kleinen „offiziellen" Prüfung, für die man sogar eine Urkunde und ein Stoffabzeichen bekommt – natürlich nur, sofern man bestanden hat? In jedem Reitverein, der der Deutschen Reiterlichen Vereinigung (FN) angeschlossen ist und über einen Reitplatz verfügt, können

Kinder und Jugendliche zwei Prüfungen ablegen, in denen sie ihre Grundkenntnisse und -fähigkeiten im Umgang mit Pferden und im Sattel zeigen. Auch das kann viel Spaß machen!

Für das Kleine Hufeisen darf man nicht älter als 16 Jahre sein. Die Prüfung besteht aus drei Teilen. Im ersten Abschnitt muss man beweisen, dass man fachgerecht mit einem Pferd umgehen kann. Man muss beispielsweise vormachen, wie ein Pferd korrekt geführt und angebunden wird, wie man sauber die Hufe auskratzt, wie man es vorsichtig am Kopf putzt oder wie man einen Pferdeschweif richtig pflegt. Als Nächstes geht es um das Zäumen und Satteln eines Pferdes. Aufsitzen und Nachgurten gehören natürlich auch dazu und dann reitet man meist in der Gruppe und zeigt, wie die Pferde in einer Abteilung ordentlich hintereinander hergehen. Das sonstige Verhalten in der Reitbahn wird ebenfalls bewertet. Manchmal wird auch das Reiten über Cavaletti, um Tonnen oder Ständer verlangt – Übungen, die auch in einer Reihe von Reiterspielen vorkommen.

Wer es sich zutraut, darf sogar über kleine Hindernisse springen.

Diesen praktischen Prüfungsteil kann man übrigens auch im Voltigieren ablegen (siehe Seite 97).

Im theoretischen Teil werden ebenfalls Allgemeinkenntnisse erwartet. So sollen vielleicht Putz- und Ausrüstungsgegenstände richtig benannt werden und/oder man wird nach seinem Wissen über Sitz und Hilfengebung und über Hufschlagfiguren befragt. Wichtig ist es auch, dass man Grundkenntnisse über Pferdehaltung, Fütterung, Tierschutz und Unfallverhütung besitzt.

Zum Großen Hufeisen werden Reiter zugelassen, die im laufenden Kalenderjahr höchstens 18 Jahre alt werden. Die Aufgaben ähneln denen des Kleinen Hufeisens, doch die Anforderungen sind etwas höher. So kann das Reiten eines Dressurreiterwettbewerbes nach den Richtlinien der Deutschen Reiterlichen Vereinigung verlangt werden, Springaufgaben sind in Anlehnung an einen Springreiterwettbewerb möglich. Bei diesen Wettbewerben handelt es sich um einfache Grundprüfungen in den jeweiligen Sparten.

Das Kleine und das Große Hufeisen kann man übrigens jährlich neu erwerben, solange man nicht zu alt dazu ist. Man kann sich also unter Umständen eine ganze Abzeichen-Sammlung zulegen! Und wenn man Pech hat und eine Prüfung nicht besteht, kann man sie bei der nächsten Gelegenheit wiederholen.

 **Reiterspiele: Jetzt geht's los!**

Die Spiele auf den nächsten Seiten können fast durchweg als Einzel- oder als Teamspiele ausgeführt werden. Gewertet wird, wenn nichts anderes angegeben ist, meist nach der benötigten Gesamtzeit zwischen Start und Ziel *und* nach der Sauberkeit der Ausführung. Wer sein Pferd also im Maul reißt oder es anderweitig unfair behandelt, kann nicht gewinnen – selbst wenn er noch so schnell ist!

Der Einfachheit halber ist hier immer von „dem Reiter" die Rede – doch natürlich sind genauso auch alle Reiter*innen* gemeint!

Horseball

Beim Horseball (Pferdeball) geht es rasant zu. Wer Horseball spielen möchte, muss hohes reiterliches Können, blitzschnelle Reaktionen und sogar einiges an Akrobatik mitbringen. Horseball ist vor einigen Jahrzehnten in Frankreich entstanden, seit 1978 werden dort jährlich Championate ausgetragen. Horseball ist ähnlich wie Polo eher eine „Elite"-Pferdesportart, die ebenfalls fast ausschließlich von Männern bestritten wird. Clubs gibt es inzwischen auch in Belgien, England, Italien, Portugal und Deutschland. Hier fand 1992 auch die erste Europameisterschaft statt.

Zwei Teams spielen dabei in zwei Halbzeiten von je zehn Minuten um Punkte. Die Mannschaften bestehen aus je sechs Reitern, von denen sich jeweils vier auf dem Feld befinden. Um Punkte zu bekommen muss man einen Ball, der mit Lederschlaufen versehen ist, in den gegnerischen Korb werfen. Dieser Korb hat einen Durchmesser von einem Meter und ist in einer Höhe von rund drei Metern angebracht. Der Ball darf nur jeweils bis zu zehn Sekunden in der Hand eines Reiters bleiben, die Reiter dürfen ihn sich gegenseitig entreißen oder den ballführenden Reiter auf dem Weg zum Korb abdrängen. Dass es dabei heiß hergeht, kann man sich vorstellen! Fällt der Ball zu Boden, so muss er vom Reiter im Galopp aufgenommen werden – in einem waghalsigen Balanceakt, bei dem der Reiter sich seitlich aus dem Sattel hängt. Benötigt werden für dieses Spiel nicht nur mutige Reiter, sondern auch schnelle, wendige Pferde.

Apfel angeln

Das Zubehör: Eine Tonne oder ein anderes Gestell, eine Schüssel, pro Teilnehmer ein halber großer Apfel oder ein kleinerer Apfel.

Das Spielfeld: Die Tonne wird als Wendemarke am Ende der Reitbahn aufgestellt, darauf kommt die mit sauberem Wasser gefüllte Schüssel. Ins Wasser wird ein ganzer oder ein halber Apfel gelegt.

Der Spielablauf: Jeder Teilnehmer reitet einzeln zum Eimer und sitzt dort ab. In einer Hand hält er die Zügel, die andere hängt seitlich herunter oder wird auf den Rücken gelegt. Nun heißt es den Apfel oder das Apfelstück nur mit dem Mund aus dem Wasser zu fischen! Erst wenn das ge-

glückt ist, darf der Reiter wieder aufsitzen und zum Start zurückreiten. (Den Apfel bekommt natürlich hinterher das Pferd.) Bevor der nächste Reiter startet, legt jemand einen neuen Apfel ins Wasser. Aus hygienischen Gründen ist es auch ratsam das Wasser jedes Mal zu erneuern.

Tipp: Man kann den Eimer auch auf den Boden stellen. Dann müssen sich die Reiter zum „Angeln" auf den Boden knien.

Apfelhauen

Das Zubehör: Zwei Pfosten und eine Wäscheleine, mehrere Äpfel, eine dünne Schnur, mehrere Wäscheklammern, eine Gerte (sofern die Teilnehmer nicht selber Gerten dabeihaben).

Wäscheleine und versucht (eventuell innerhalb einer festgesetzten Zeit) mit der Gerte einen Apfel abzuschlagen. Dann reitet er unter der Leine hindurch wieder zum Ausgangspunkt. Damit alle Reiter gleiche Chancen haben, müssen zwischendurch wieder neue Äpfel an die Leine gehängt werden.

Das Spielfeld: Die Wäscheleine wird so an den Pfosten angebracht, dass die Reiter im Sattel noch gut unten durchkommen. Man befestigt in regelmäßigen Abständen Wäscheklammern daran um die Leine „sichtbar" zu machen. Dazwischen hängt man die Äpfel an kurzen Schnüren auf.

Der Spielablauf: Jeder Teilnehmer reitet einzeln zur

Tipp: Man kann die Aufgabe erschweren, indem jeder Reiter mehrere Äpfel abhauen muss. Oder der Reiter muss absitzen, den abgeschlagenen Apfel aufheben, wieder aufsitzen und den Apfel mit zum Ziel bringen. Verliert er ihn unterwegs, gibt es Punkteabzug.

Ballrennen

Das Zubehör: Ein größerer Ball, ein passender Eimer, eine Tonne beziehungsweise ein Hindernisgestell als Wendemarke, eventuell ein Strohballen beziehungsweise ein Tisch oder Ähnliches als Unterlage.

Das Spielfeld: Die Unterlage wird am Start aufgestellt beziehungsweise ein Helfer stellt sich dorthin, der Eimer kommt neben die Wendemarke.

Der Spielablauf: Jeder Teilnehmer reitet einzeln los. Am Start nimmt er den Ball von der Unterlage oder aus den Händen des Helfers. Nun reitet er mit dem Ball, der nur mit einer Hand gehalten werden darf, zur Wendemarke. Dort wirft er ihn in den Eimer. Fällt der Ball beim Aufnehmen oder unterwegs herunter, so muss der Reiter absitzen und ihn wieder aufheben. Der Ball darf auch nicht aus dem Eimer springen – sonst muss man ebenfalls absteigen, ihn aufnehmen und das Hineinwerfen anschließend vom Sattel aus wiederholen.

Ballhüpfen

Das Zubehör: Zwei Verkehrskegel (oder andere Markierungen), ein mittelgroßer Ball.

Das Spielfeld: Ein Kegel wird am oder kurz hinter dem Start aufgestellt, der zweite Kegel als Wendemarke am Ende des Spielfelds. Neben dem ersten Kegel wird ein Ball deponiert.

Der Spielablauf: Jeder Teilnehmer startet einzeln und reitet bis zum ersten Kegel. Dort sitzt er ab, klemmt sich den Ball zwischen die

Füße oder Knie und befördert ihn hüpfend bis zum zweiten Hütchen. Dort wird der Ball abgelegt, der Reiter sitzt auf und reitet zum Start zurück. Bevor der nächste Reiter startet, muss der Ball wieder zum ersten Kegel gebracht werden.

Tipp: Man kann dieses Spiel auch als Staffellauf durchführen. Der erste Reiter eines Teams reitet dann mit dem Ball in der Hand bis zur Wendemarke. Dort sitzt er ab, klemmt sich den Ball zwischen Füße oder Knie und hüpft zurück zum Start. Das Pferd führt er dabei am Zügel. Er übergibt den Ball an den nächsten Reiter seines Teams, der damit genauso verfährt.

Ballongreifen

Das Zubehör: So viele Luftballons wie Teilnehmer, eine Schnur, ein Pfosten mit Haken, ein passender Eimer.

Das Spielfeld: Der Pfosten wird am Start oder kurz danach aufgestellt, die Luftballons werden so daran festgeknüpft, dass sie leicht zu lösen sind. Der Eimer kommt an den Wendepunkt am anderen Ende des Spielfelds.

Tipps: Schwieriger wird es, wenn der Luftballon an einem zweiten Pfosten oder an einem Seil wieder festgebunden werden muss. Oder: An zwei Pfosten sind Luftballons befestigt. Sie müssen nacheinander dort abgenommen und zusammen zum Ziel gebracht werden.

Der Spielablauf: Jeder Teilnehmer reitet einzeln los und löst einen Luftballon vom Pfosten. Mit ihm in der Hand reitet er bis zum Eimer und wirft ihn dort hinein. Dann reitet er zum Start zurück. Wer seinen Luftballon loslässt, scheidet aus.

Becherlauf

Das Zubehör: So viele Pappbecher wie Teilnehmer, ein Strohballen oder eine andere Unterlage für die Becher, ein rechteckiger Plastikbehälter, ein runder Eimer mit Loch im Boden oder ein Verkehrskegel, ein langer Stock.

Das Spielfeld: Am Start oder kurz dahinter werden die Plastikbecher bereitgestellt. Der Eimer beziehungsweise Kegel wird am Wendepunkt auf den Plastikbehälter gestellt, der Stock in das Loch gesteckt.

Der Spielablauf: Jeder Reiter startet einzeln, nimmt einen Plastikbecher und reitet damit zur Wendemarke. Dort stülpt er den Becher über den Stock und reitet danach zurück zum Start.

Wem der Becher aus der Hand fällt, der muss absitzen und ihn wieder aufheben. Bevor der nächste Reiter an den Start geht, muss der Becher wieder vom Stock entfernt werden.

Tipp: Jeder Reiter kann auch mehrere Pappbecher hochnehmen, die er dann an verschiedenen Stellen ablegt.

Bierdeckel-slalom

Das Zubehör: Ein Stapel Papp-Bierdeckel, fünf bis sieben Tonnen.

Das Spielfeld: Die Tonnen werden so hintereinander in die Längsachse der Bahn gestellt, dass ein Pferd gut dazwischen durchkommt. Auf die erste Tonne werden die Bierdeckel gelegt.

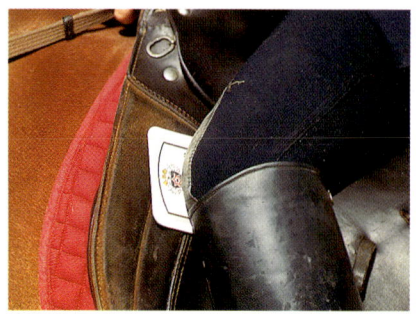

Knie – im Galopp zurück zum Start, und zwar nicht im Slalom, sondern gerade-wegs. Geht der Bierdeckel verloren, so muss man ab-sitzen und ihn wieder auf-heben. Nach dreimaligem Fallenlassen scheidet der betreffende Reiter aus.

Der Spielablauf: Jeder Teil-nehmer reitet einzeln zur ersten Tonne, nimmt einen Bierdeckel und klemmt ihn zwischen Knie und Sattel. Dann reitet er im Schritt links um die zweite Tonne herum, rechts um die nächste und so fort. Die letzte Tonne wird umrun-det, dann geht es – immer noch mit Bierfilz unterm

Tipp: Anstelle von Bier-deckeln kann man auch „Briefe" nehmen, zum Beispiel Kuverts mit einer mehrfach gefalteten Zei-tungsseite darin, und dann einen „Briefträger-Slalom" veranstalten.

Blinde Kuh 1

Das Zubehör: Ein Verkehrskegel oder ein anderer Gegenstand, über den Pferde nicht stürzen können, ein Hals- oder Kopftuch.

Das Spielfeld: Der Kegel wird in der Mitte der Bahn aufgestellt. Als Hilfestellung kann man eine Pferdebreite um ihn herum eine Spur in die Bahn ziehen. Der Startpunkt ist etwa eine Pferdelänge vom Kegel entfernt.

Der Spielablauf: Die Teilnehmer bilden Zweierteams. Beide Reiter eines Teams stellen sich am Startpunkt nebeneinander auf. Sie müssen sich selbst darüber einigen, wer als Erster „Blinde Kuh" spielt. Diesem Reiter werden mit dem Tuch die Augen verbunden. Auf das Startzeichen hin muss der sehende Reiter seinen Teamkollegen nun durch Zurufe einmal im Kreis um den Kegel herum

dirigieren, bis die „Blinde Kuh" wieder neben ihm steht.

Blinde Kuh 2

Das Zubehör: Ein Tuch zum Augenverbinden.

Das Spielfeld: Die Bahnmitte.

Der Spielablauf: Die „Blinde Kuh" steht in einem Kreis von Pferden und muss versuchen eines der Pferde durch Abtasten zu erkennen. Gewinner ist, wem dies am schnellsten gelingt!

Damenrennen

Das Zubehör:
Für *Variante 1* braucht man zwei Pfosten, Tonnen oder Strohballen – je einen zum Markieren von Ziel- und Wendepunkt.
Für *Variante 2* kann der Reitplatz-Eingang als Start und Ziel gelten.
Für *Variante 3* werden fünf oder mehr Tonnen beziehungsweise Eimer als „Slalomtore" benötigt.

Das Spielfeld: Bei *Variante 1* wird in der Nähe des Eingangs und am anderen Ende des Platzes je eine Markierung aufgestellt.
Bei *Variante 2* braucht man keine Markierungen aufzustellen.
Bei *Variante 3* werden die Tonnen oder Eimer entlang der Längsachse der Bahn oder diagonal so aufgestellt, dass ein Pferd gut dazwischen durchkommt.

Der Spielablauf: Jeder Reiter setzt sich in seinem normalen Sattel in den „Damensitz". Das heißt, dass das rechte Bein nicht in den Steigbügel gestellt, sondern auf die linke Seite gelegt wird. So geht man an den Start.
Es ist nicht ganz einfach sein Pferd in dieser Haltung vorwärts zu bringen! Damit es zu keinem Rutschmanöver kommt, sollten die Teilnehmer nur im Schritt reiten.

Die einfachste Möglichkeit besteht darin, dass jeder Reiter vom Zielpunkt zum Wendepunkt und von dort zurück reitet *(Variante 1)*.

Schwieriger ist es vorgeschriebene Hufschlagfiguren wie Ganze Bahn, Halbe Bahn, Zirkel oder Wechseln durch die ganze Bahn zu reiten *(Variante 2)*.

Bei *Variante 3* müssen die Teilnehmer im Damensitz einen Slalom reiten.
Wer unterwegs aus dem Sattel rutscht, muss erneut aufsteigen und verliert dadurch natürlich Zeit.

Feuer – Wasser – Blitz

Das Zubehör: Wird nicht benötigt.

Das Spielfeld: Hufschlagfiguren wie Ganze Bahn, Halbe Bahn oder Zirkel.

Der Spielablauf: Alle Teilnehmer reiten gemeinsam im Schritt oder Trab die angesagten Hufschlagfiguren. Auf deutlichen Zuruf – am besten per Mikrofon – müssen die Reiter blitzschnell reagieren: Bei dem Kommando „Feuer" muss jeder Reiter sein Pferd zum Halten durchparieren und sich dann quer über den Pferderücken legen. Kommt dagegen der Zuruf „Wasser",

aber neben dem Pferd in die Hocke gehen. Wer jeweils als Letzter reagiert oder wer die Kommandos durcheinander bringt und deshalb die falsche Haltung einnimmt, scheidet aus. Das Spiel wird so lange fortgeführt, bis ein Sieger übrig bleibt.

so muss man nach dem Halten schnell absteigen und neben dem Pferd auf einem Bein stehen. Bei „Blitz" geht es ebenfalls darum anzuhalten und abzusteigen, nun muss man

Hindernislauf

Das Zubehör: Mehrere Tonnen oder andere Markierungen für den Slalom, ein Auto- oder Motorradreifen, zwei Strohballen, ein stabiles breites Brett von zwei bis drei Metern Länge.

Das Spielfeld: Man baut einen kleinen Parcours auf. Die Tonnen werden so auf-

gestellt, dass ein Pferd gut darum herum gehen kann (je enger, um so schwieriger wird der Slalom), in einigem Abstand dazu liegt der Autoreifen auf dem Boden. An einer anderen Stelle des Spielfeldes legt man die Strohballen auf den Boden und das Brett so darüber, dass beide Enden voll auf den Ballen aufliegen.

Der Spielablauf: Startpunkt kann die erste Tonne sein. Der Reiter reitet im Schritt oder im Trab in Schlangenlinien zwischen den Tonnen durch und nach der letzten Tonne zum Reifen. Dort sitzt er ab und schlüpft durch den Reifen hindurch. Man kann das zwar durchaus allein bewältigen; aus Sicherheitsgründen ist es aber besser, wenn ein Helfer das Pferd am Zügel hält,

bis der Reiter sie ihm wieder abnehmen kann. Jetzt sitzt er wieder auf, reitet zum nächsten Hindernis, sitzt ab und führt sein Pferd, während er selber zu Fuß über den „Steg" geht. Danach sitzt er auf und reitet zum Ziel.

Tipp: Einen solchen Parcours kann man auch in anderer Reihenfolge und mit weiteren beziehungsweise anderen Hindernissen aufbauen, zum Beispiel mit einem kleinen Sprung oder einem Flattervorhang, durch den das Pferd hindurchgehen muss.

Hüte stehlen

Das Zubehör: Eine Markierung, zwei oder mehr breitkrempige Hüte (diese können von den Teilnehmern auch selbst mitgebracht werden).

Das Spielfeld: Man braucht nur eine beliebige, durch einen Pfosten oder eine andere Markierung gekennzeichnete Stelle in der Reitbahn.

Der Spielablauf: Zwei Teilnehmer reiten von zwei Seiten her aufeinander zu und treffen sich an der Markierung. Dort versucht jeder Reiter dem anderen dessen Hut vom Kopf zu nehmen.

Mit der „Trophäe" in der Hand geht es zurück zum Ausgangspunkt. Schaffen es beide Reiter in den Besitz des fremden Hutes zu gelangen, so werden die Punkte geteilt.

Kartoffellauf

Das Zubehör: Ein Startpfosten, so viele rohe Kartoffeln wie Teilnehmer, ein Eimer.

Das Spielfeld: In der Nähe des Eingangs wird ein Pfosten als Startpunkt aufgestellt, daneben legt man die Kartoffeln. Der Eimer wird nach Belieben in gerader oder schräger Linie auf der gegenüberliegenden Bahnseite deponiert. Er dient gleichzeitig als Auffanggefäß und als Wendepunkt.

Der Spielablauf: Jeder Teilnehmer reitet oder führt sein Pferd einzeln zum Startpunkt. Dort nimmt er (gegebenenfalls nach dem Absitzen) eine Kartoffel auf und steigt in den Sattel. Im Galopp reitet er nun mit der Kartoffel in der Hand zur Wendemarke, pariert sein Pferd durch und wirft die Kartoffel in den Eimer.

Danach muss er um den Eimer herum und zum Start zurückreiten. Wer die

Kartoffel unterwegs verliert oder sie neben den Eimer wirft, muss absteigen, sie aufheben und wieder aufsitzen.

Tipps: Deutlich schwieriger wird's, wenn die Kartoffel auf einem Löffel balanciert werden muss. Statt Kartoffeln kann man zum Beispiel auch Äpfel, feste Birnen, (gekochte) Eier oder Tennisbälle verwenden.

Kartoffel schälen

Das Zubehör: So viele etwa gleich große rohe Kartoffeln wie Teilnehmer, ein Schälmesser, ein bis zwei Eimer, eventuell eine Markierung.

Das Spielfeld: An einer beliebigen Stelle in der Reitbahn wird ein Pfosten oder eine Tonne aufgestellt, eventuell reicht auch ein

Kartoffeleimer als Markierung. Daneben oder darauf (oder im Eimer) befinden sich die ungeschälten Kartoffeln und das Schälmesser sowie ein weiterer, anfangs leerer Eimer.

Der Spielablauf: Jeder Teilnehmer reitet zu den Kartoffeln und schält eine davon. Die geschälten Kartoffeln kommen auf die Erde oder – was empfehlenswerter ist, weil man sie dann später kochen und essen kann – in einen weiteren Eimer.

Tipp: Statt die geschälte Kartoffel liegen zu lassen, kann der Reiter sie auch in der Hand oder auf einem Löffel zum Ziel mitnehmen.

Keks essen und pfeifen

Das Zubehör: So viele Kekse wie Reiter, eine Unterlage (Strohballen, Tisch, Tonne), ein Teller, eine Signal- oder Trillerpfeife.

Das Spielfeld: An einer beliebigen Stelle der Reitbahn wird die Unterlage aufgestellt, darauf kommen der Teller mit einem Keks und die Pfeife.

Der Spielablauf: Vom Startpunkt aus reitet jeder Teilnehmer einzeln zu der Unterlage, sitzt ab und isst den Keks. Nach dem Runterschlucken versucht er mit der Pfeife laut und vernehmlich zu pfeifen. Erst wenn das gelungen ist, darf er wieder aufsitzen und zum Ausgangspunkt

Kekse schnappen

Das Zubehör: Zwei Pfosten, ein Seil oder eine dicke Schnur von etwa zwei bis drei Metern Länge, mindestens so viele Kekse mit Loch wie Teilnehmer, Faden oder dünne Schnur zum Befestigen der Kekse; eventuell ein Eimer.

zurückreiten. Bevor der nächste Reiter startet, muss ein neuer Keks auf den Teller gelegt werden.

Tipp: Es geht auch ohne Pfeife – dann müssen die Teilnehmer mit den Lippen pfeifen.

Das Spielfeld: An einer beliebigen Stelle der Reitbahn (mit genügend Platz zum Anreiten) werden die Pfosten aufgestellt. Das Seil wird dazwischengespannt, sodass ein Pferd gut darunter durchgehen kann. Bei sehr unterschiedlich großen Pferden muss das Seil vor jedem Ritt auf eine passende Höhe gebracht werden, damit alle Reiter etwa gleiche Chancen haben. An das Seil hängt man nun mit dem Faden mehrere Kekse, und zwar mindestens einen für jeden Teilnehmer.

Der Spielablauf: Die Reiter können je nach Länge des gespannten Seils einzeln, zu zweit oder auch zu dritt an den Start gehen. Sie reiten vom Eingang des Reitplatzes aus im Schritt oder im Trab zum Seil, parieren dort

Tipps: Statt Keksen kann man beispielsweise auch Äpfel, Brezen, Mohrrüben oder Würstchen nehmen. Wenn man einen Eimer an den Start-/Zielpunkt stellt, können die Teilnehmer ihre „Leckerbissen" mit den Zähnen vom Seil nehmen, sie in der Hand zum Ziel transportieren und dort in den Eimer werfen. Das ist vor allem bei Äpfeln und Mohrrüben sinnvoll – denn die bekommen dann natürlich die Pferde!

zum Halten durch und versuchen nun ohne die Hände zu benutzen einen Keks abzubeißen. Der Keks muss ganz entfernt und aufgegessen werden!
Danach reitet man in der gleichen Gangart zum Start/Ziel zurück.

Kleiderspiel

Das Zubehör: Eventuell je eine Start- und Wendemarkierung, verschiedene ausreichend große Kleidungsstücke wie Rock, Jacke, Mütze, Schal, Handschuhe; ein Koffer, Korb oder anderer Behälter für die Kleider.

Das Spielfeld: Man kann die Start- und Wendestelle beliebig wählen, dazwischen liegt die Reitstrecke. An der Wendemarke befindet sich der Behälter mit den Kleidern.

Der Spielablauf: Jeder Teilnehmer reitet einzeln in der vorgegebenen Gangart vom Start zur Wendemarke.

49

Bevor der nächste Teilnehmer losreitet, muss der Helfer die Kleidungsstücke wieder an der Wendemarke deponieren.

Tipps: Die Kleidungsstücke können auch bereits vom Start weg auf dem Arm mitgenommen werden. Außerdem kann man eine Zwischenstation einlegen, bei der zum Beispiel ein Becher Limonade ausgetrunken werden muss.
Eine andere Möglichkeit besteht darin zwei Stationen einzurichten: eine zum

Dort sitzt er ab, übergibt sein Pferd einem Helfer und zieht sich die bereitliegenden Kleidungsstücke über. Dabei muss man darauf achten, dass auch alles richtig zugeknöpft oder zugeknotet wird. So „angezogen" geht es zurück zum Start, wo man die Kleider (nicht mehr in der Zeitwertung) wieder auszieht.

Anziehen und eine zum Ausziehen, jeweils mit Koffer oder Korb. Oder es stehen zwei Anziehkoffer bereit, sodass zwei Reiter gleichzeitig gegeneinander antreten können. Dann braucht man natürlich auch zwei Helfer.

Pferdefußball

Das Zubehör: Zwei Pfosten, ein Seil von etwa drei Metern Länge, bunte Seilmarkierungen wie Wäscheklammern, Stofffetzen, Plastikstreifen oder Ähnliches, ein großer Ball. Das kann ein Pferdespielball aus Kunststoff beziehungsweise Gummi sein oder ein selbst genähter Ball, zum Beispiel aus alten Säcken mit einer Füllung aus Heu oder aus Stroh. Der Ball muss stabil und verletzungssicher beschaffen sein, eventuell vorhandene Schlaufen dürfen nicht so groß sein, dass sich ein Pferd mit den Hufen darin verfangen kann. Außerdem muss sichergestellt sein, dass der Ball keinesfalls platzen kann – denn dann könnten die Pferde in Panik geraten.

Das Spielfeld: Am Ende der Reitbahn errichtet man etwa einen Meter von der Umzäunung entfernt aus den Pfosten und dem Seil ein „Tor". Damit man es besser erkennt, ist das Seil bunt markiert. Auf dem Boden sollte man mit Sägemehl oder Pulver eine „Torlinie" ziehen. Der Ball wird an einem markierten Punkt auf den Boden gelegt.

Der Spielablauf: Jeweils zwei Reiter treten gegeneinander an. Einer ist der „Angreifer" und hat das Ziel den Ball ins Tor zu bekommen, der andere ist der „Verteidiger" und versucht dies zu verhindern. Dazu müssen die Pferde so gesteuert werden, dass sie den Ball mit den Vorderbeinen schubsend in die gewünschte Richtung befördern. Sobald der Ball im Tor gelandet ist, ist der erste Spielabschnitt beendet. Für den zweiten Teil wechseln die Reiter ihre Funktion. Wer den Ball schneller ins Tor bekommen hat, ist Gewinner des Zweiermatchs. Gesamtsieger ist zum Schluss der Reiter, dessen Pferd in der kürzesten Zeit ein „Tor geschossen" hat.

Das Spielfeld: Die Markierung wird an einer Stelle mit hartem Boden platziert. Der Untergrund muss dort so fest sein, dass der Ball „springen" kann.

Tipp: Wenn man zwei gegenüberliegende Tore errichtet, können zwei mehrköpfige Teams gegeneinander antreten. Diese Variante erfordert einiges Können, weil es leicht passieren kann, dass sich mehrere Reiter ins Gehege kommen. Das oberste Gebot lautet auf die nötige Sicherheit zu achten.

Prellball

Das Zubehör: Ein größerer, gut hüpfender Ball, eine Markierung (Kegel, Strohballen oder Ähnliches), eventuell eine Unterlage für den Ball.

Der Spielablauf: Jeder Teilnehmer reitet einzeln zur Markierung und erhält dort von einem Helfer den Ball oder nimmt ihn von einer genügend hohen Unterlage auf. Er muss den Ball nun ein- oder mehrmals auf den Boden prellen und wieder auffangen. Nicht aufgefangene Bälle können entweder von einem Helfer wieder zugereicht werden oder der Reiter muss absitzen und den Ball selber aufheben.

Tipp: Die Reiter können den Ball auch vom Start weg mitnehmen und mit ihm zur Markierung reiten. Fällt er herunter, so kann man Minuspunkte vergeben oder die Stoppuhr laufen lassen, während der Reiter den Ball aufhebt.

Reise nach Jerusalem

Das Zubehör: Kassettenrekorder mit Batterien und Kassette; Stühle, Strohballen oder Tonnen als Sitze.

Das Spielfeld: Die „Sitzmöbel" werden im Kreis

aufgestellt. Die Stuhllehnen sollten bei eng gestellten Stühlen nach innen zeigen. Es muss immer eine Sitzgelegenheit weniger sein als Reiter teilnehmen.

Der Spielablauf: Die Teilnehmer reiten gemeinsam in einem großen Kreis um die Sitzgelegenheiten herum,

solange die Musik spielt. Sobald die Musik aufhört, sitzen sie sofort ab und versuchen sich auf einer der Sitzgelegenheiten niederzulassen. Wer keine mehr erwischt, scheidet aus. Vor der nächsten Runde nimmt man ein Sitzmöbel weg,

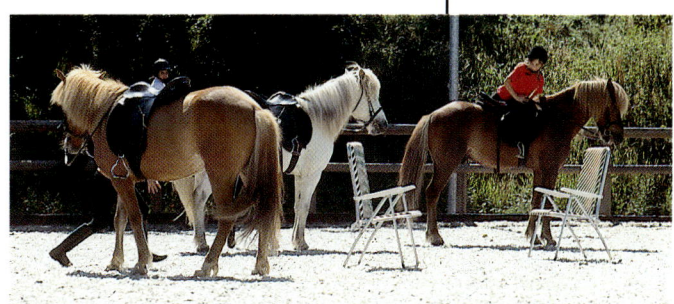

Rettet den Gefangenen

Das Zubehör: Ein Stroh-ballen, Hocker, Stuhl oder eine Tonne als Sitzgelegen-heit, zwei kurze Seile.

Das Spielfeld: An einer be-liebigen Stelle der Reitbahn wird der „Sitz" aufgestellt. Er dient gleichzeitig als Wendemarke.

damit immer ein Reiter „leer" ausgeht. Das Spiel dauert so lange, bis einer der letzten beiden Reiter auf dem letzten Sitzmöbel sitzt. Er ist Sieger.

Tipps: Eine Abwandlung ist das Spiel „Ein Hut zu viel". Man verwendet dazu Hin-dernispfosten oder Tonnen, Strohballen beziehungs-weise Stühle – ebenfalls ein Stück weniger als Spieler teilnehmen. Alle Reiter haben Hüte über ihre Reit-kappen gestülpt. Beim Aus-setzen der Musik versucht jeder Reiter seinen Hut über eine Stange zu hängen oder auf einen Stuhl zu legen. Wem das nicht ge-lingt, der scheidet aus. Beim einfachen „Stangen-packen" muss jeder Reiter versuchen eine (Hindernis-) Stange zu ergreifen. Auch hier ist jeweils eine Stange weniger vorhanden als Rei-ter teilnehmen. Im übrigen verläuft das Spiel nach dem-selben Prinzip.

Der Spielablauf: Es tritt je-weils ein Team an, das aus einem „Gefangenen" und einem „Retter" mit Pferd besteht. Der Gefangene sitzt mit gefesselten Hän-den und Füßen auf dem Strohballen. Der Retter startet am Eingang der Bahn und reitet zu seinem Freund. Er löst dem Gefan-genen die Fesseln und hilft ihm aufs Pferd. Dann führt er das Pferd mit dem Geret-teten zum Start zurück.

Ringreiten

Das Zubehör: Zwei Hindernispfosten, eine Hindernisstange, mehrere Plastik- oder Gummiringe von etwa acht bis zehn Zentimetern Durchmesser, reißbarer Faden, eine Gerte.

Das Spielfeld: An einer beliebigen Stelle der Reitbahn wird die Hindernisstange auf der höchsten Auflage der Pfosten aufgelegt. An der Stange befestigt man mit dem Faden jeweils einen Ring.

Tipp: Man kann vor allem den Rückweg noch mit einigen „Hindernissen" bestücken, um die und zwischen denen das Pferd durchgeführt werden muss.

Der Spielablauf: Jeder Teilnehmer reitet einzeln vom Start (Eingang) parallel an der Stange entlang, spießt den Ring mit der Gerte auf und nimmt ihn mit. Danach wird für den nächsten Reiter ein neuer Ring befestigt.

Ringrennen

Das Zubehör: Zwei Pfosten, ein Seil von etwa zwei bis drei Metern Länge, so viele große Plastik- oder Gummiringe wie Teilnehmer, dünner Faden, ein Verkehrskegel.

Das Spielfeld: An einer beliebigen Stelle des Reitplatzes wird das Seil an den Pfosten befestigt. Am Seil werden mit dem Faden die Ringe festgebunden. In einiger Entfernung ist als Wendemarke der Kegel aufgestellt.

Tipps: Man kann das Spiel so abwandeln, dass jeder Reiter mehrere Ringe hintereinander „ergattern" muss. Oder: Die Reiter reiten unter der Stange durch; sie muss dann so hoch liegen, dass die Teilnehmer sich nicht den Kopf daran anstoßen können. Bei sehr unterschiedlich großen Pferden muss die Höhe jeweils verändert werden, damit Chancengleichheit besteht.

Info: Das Ringreiten ist ein Überbleibsel aus der Ritterzeit und wird vor allem in Norddeutschland noch von eigenen Ringreiter-Vereinen betrieben.

Der Spielablauf: Jeder Teilnehmer reitet zum Seil und knüpft einen Ring los.

Damit reitet er zur Wendemarke und wirft ihn vom Pferd aus über den Kegel. Wer daneben trifft, muss absteigen, den Ring auflesen und es erneut vom Sattel aus versuchen. Man kann dabei die Stoppuhr laufen lassen oder Strafpunkte vergeben.

Tipp: Schwieriger wird's, wenn jeder Reiter mehrere Ringe abnehmen und werfen muss.

Sackhüpfen

Das Zubehör: Zwei Tonnen oder Pfosten als Start- und Wendemarkierung, ein Getreide- oder Kartoffelsack beziehungsweise mehrere Säcke.

Das Spielfeld: Gestartet wird an der kurzen Reitplatzseite beim Eingang, die Wendemarkierung stellt man an der gegenüberliegenden Seite auf. Starten die Teilnehmer einzeln, so braucht man nur je eine Markierung. Bei zwei oder mehr gleichzeitigen Startern, die gegeneinander antreten, benötigt man entsprechend viele Tonnen oder Pfosten. An jedem Startpunkt liegt ein Sack bereit.

Der Spielablauf: Die Reiter stehen mit den Zügeln in den Händen neben ihren Pferden an der jeweiligen

Tipp: Man kann den Spielablauf auch so verändern,
dass die Teilnehmer nur
eine Strecke mit dem Sack
hüpfen und den Rückweg
reitend zurücklegen.

Tennisslalom

Das Zubehör: Fünf bis
sieben Tonnen, Hindernis-
ständer oder andere Gegenstände als Slalomtore, ein
Tennisschläger und ein
Tennisball oder ein anderer
Ball dieser Größe.

Startmarkierung, wo der
Sack auf dem Boden liegt.
Beim Startsignal schlüpft
jeder Reiter mit den Beinen
in den Sack (eventuell hält
ein Helfer das Pferd) und
hüpft so die ganze Strecke
bis zur Wendemarke, um
diese herum und zurück
zum Ziel. Dort erst darf er
den Sack wieder „auszie-
hen" um ihn auf die Erde
zu legen.
Das Pferd wird während
des ganzen Spiels geführt.
Man muss darauf achten,
dass man nicht an den Zü-
geln zerrt und reißt – denn
das tut dem Pferd im Maul
weh!

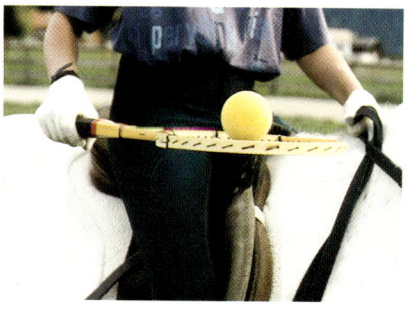

Das Spielfeld: Man legt
längs oder quer durch die
Reitbahn einen Slalomkurs
an.

Der Spielablauf: Die Teilnehmer starten einzeln. Am Start bekommt der Reiter einen Tennisschläger und einen Tennisball gereicht. Er legt den Ball auf den Tennisschläger und reitet nun mit einhändiger Zügelführung den Slalom hin und zurück. Fällt der Ball herunter, so muss der Reiter absitzen und ihn aufheben.

Tipp: Einfacher ist es, wenn man keinen Slalomkurs anlegt, sondern die Teilnehmer einmal gerade durch die Länge der Bahn reiten. Dort wenden sie dann an einer Markierung und reiten zurück zum Start. Bei dieser Variante können gegebenenfalls zwei oder drei Reiter gleichzeitig gegeneinander antreten.

Triathlon

Das Zubehör: Eventuell ein Eimer oder eine Tonne als Wendemarke.

Das Spielfeld: Eine zuvor vereinbarte Strecke in der Reitbahn (beispielsweise durch die Länge der Bahn mit Wendemarke an der dem Eingang gegenüberliegenden kurzen Seite) oder Ganze Bahn.

Der Spielablauf: Start ist an der Wendemarke (!) oder in der Ecke, die am weitesten vom Eingang entfernt ist. Dorthin begibt sich der Reiter ohne Pferd. Auf das Startsignal hin rennt er zur schräg gegenüberliegenden Ecke, wo sein Pferd von einem Helfer gehalten wird. Nun läuft er mit seinem Pferd an der Hand im Trab zum Startpunkt zurück.

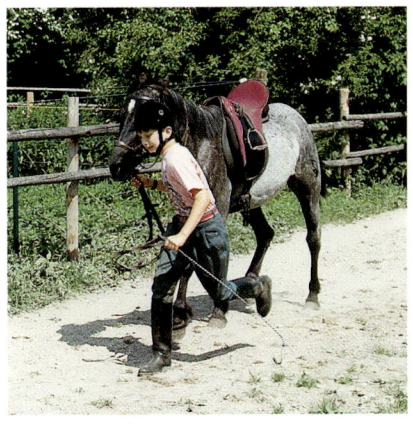

Dort sitzt er auf und reitet ebenfalls im Trab zum Ausgang.

Tipp: Man kann die Reihenfolge auch verändern, also beispielsweise den zweiten Teil reiten und das Pferd im dritten Teil führen.

Tücherspiel

Das Zubehör: Halb so viele große, strapazierfähige Tücher wie Teilnehmer.

Das Spielfeld: Die ganze Reitbahn.

Der Spielablauf: Jeweils zwei Reiter bilden ein Team. Am Start nimmt jeder von ihnen ein Ende des Tuches in die Hand. Dann werden nach Anweisung Bahnfiguren im Schritt, eventuell auch im Trab geritten, wobei die Reiter nebeneinander herreiten. Wenn einem Reiter das Tuch entgleitet, scheidet das betreffende Paar aus. Das Team, das am Schluss übrig bleibt, hat gewonnen.

Tipp: Bei der Zusammenstellung der Teams sollte man darauf achten, dass die Pferde halbwegs gleich groß sind und sich gut miteinander vertragen.

Wäschestaffel

Das Zubehör: Vier Pfosten, eine Wäscheleine, ein Wäschekorb oder Eimer, vier bis sechs Wäschestücke mittlerer Größe, ein Beutel mit Wäscheklammern.

Das Spielfeld: Zwei Pfosten dienen als Startmarkierung. Am anderen Ende der Reitbahn werden die anderen beiden Pfosten aufgestellt.

zum Start zurück. Wenn
einem Reiter ein Wäsche-
stück herunterfällt, muss er
absitzen und es aufheben.

An ihnen befestigt man die
Wäscheleine in passender
Höhe.

Der Spielablauf: Je zwei
Reiter bilden ein Team. Der
erste Reiter bekommt am
Start den gefüllten Wäschekorb oder Eimer überge-
ben. Mit dem Korb unterm
Arm reitet er einhändig zur
Wäscheleine und hängt die
Wäsche vom Sattel aus mit
zwei Klammern pro Stück
auf. Dann reitet er zurück
und übergibt seinem Team-
kollegen den bis auf den
Klammernbeutel leeren
Wäschekorb. Dieser reitet
zur Wäscheleine, nimmt die
Wäsche ab und legt sie in
den Korb. Damit reitet er

Wasserschöpfen

Das Zubehör: Ein kleinerer
und ein größerer Eimer.

Das Spielfeld: Der größere
Eimer wird im hinteren Teil
der Bahn aufgestellt und
dient auch als Wendemarke.

Der Spielablauf: Jeder Reiter geht einzeln an den Start (Eingang). Dort bekommt er den kleineren, mit Wasser gefüllten Eimer in die Hand. Mit ihm reitet er zu dem großen Eimer und schüttet vom Pferd aus das Wasser hinein, wobei er darauf achten muss, dass so wenig wie möglich daneben

Gesiegt hat am Ende, wer am schnellsten geritten ist und am meisten Wasser sammeln konnte.

Tipp: Statt zwei Eimern kann man auch einen Becher als Transportgefäß und einen kleinen Eimer als Auffanggefäß verwenden.

Zaumzeug-rennen

Das Zubehör: Ein Strohballen oder eine andere Unterlage, ein Zaumzeug.

Das Spielfeld: An einer beliebigen Stelle wird der Strohballen deponiert. Das Zaumzeug wird auseinander genommen und darauf gelegt.

geht. Mit dem geleerten Eimer reitet er zurück zum Start. Der Ritt wird zwei- bis dreimal wiederholt – je nachdem, wie oft der Inhalt des kleinen Eimers in den großen Eimer passt. Es können auch entsprechend viele Reiter als Team antreten. Am Schluss eines Einzel- oder Teamrittes wird gemessen, wie viel Wasser in dem großen Eimer ist.

Der Spielablauf: Jeder Teilnehmer reitet einzeln vom Start am Eingang zur Wendemarke. Dort sitzt er ab und schnallt das Zaumzeug zusammen. Das Pferd wird solange von einem Helfer gehalten oder man legt sich die Zügel über den Arm beziehungsweise behält sie in der Hand. Mit dem zusammengesetzten Zaumzeug sitzt der Reiter wieder auf und reitet zum Ausgangspunkt zurück. Wer das Zaumzeug falsch zusammengesetzt hat, scheidet aus.

Bevor der nächste Reiter startet, muss das Zaumzeug wieder auseinander geschnallt und auf die Unterlage gelegt werden.

Astschleifen

Das Zubehör: Ein Pfosten oder Hindernisständer, ein größerer belaubter Ast, ein Stück Schnur.

Das Spielfeld: Der Ast wird an einer beliebigen Stelle der Bahn an den Pfosten gebunden, dort ist der Start- und Zielpunkt. Die Reitstrecke ist vorgeschrieben – zum Beispiel Ganze Bahn oder Schlangenlinien durch die ganze Bahn.

lich passieren, dass ein Pferd Angst vor dem mitgeschleiften Ast hat, deswegen scheut und vielleicht sogar versucht durchzugehen.

Brücke überreiten

Der Spielablauf: Der Reiter löst den Ast vom Pfosten, behält ihn in einer Hand und begibt sich auf einen vorgeschriebenen Reitweg, wobei er den Ast mit sich zieht. Lässt er den Ast los, so muss der Reiter absitzen, ihn aufnehmen und wieder aufsteigen.

Das Zubehör: Eine nachgebildete Holzbrücke, bestehend aus stabilem Bretterboden und Geländer, Länge etwa drei Meter, Breite etwa ein Meter.

Das Spielfeld: Die Brücke wird so in der Reitbahn aufgestellt, dass sic gut angeritten und wieder verlassen werden kann. Der Startpunkt ist etwa drei Pferdelängen vor dem Hindernis.

Der Spielablauf: Die Teilnehmer starten einzeln.

Tipp: An diesem Spiel sollten nur erfahrenere Reiter auf sicheren, ruhigen Pferden teilnehmen. Es kann näm-

Vom Start aus steuert man direkt die Brücke an und reitet darüber. Danach reitet man im Schritt zum Ausgangspunkt zurück. Zögert ein Pferd länger als etwa zehn Sekunden die Brücke zu betreten oder tritt es wieder zurück, so scheidet es samt Reiter aus.

Tipp: Es kann verlangt werden, dass die Brücke nach Umreiten einer Wendemarke von der anderen Seite nochmals überquert wird.

Labyrinth

Das Zubehör: Sechs oder mehr Hindernisstangen. Es muss eine gerade Zahl sein.

Das Spielfeld: Die Stangen werden so auf den Boden gelegt, dass ein „Labyrinth" entsteht (siehe Foto). Das Pferd tritt jeweils gerade zwischen zwei Stangen hindurch, bis ihm die Querstange den Weg versperrt.

Dann muss es sich stark biegen um in die entgegengesetzte Richtung weitermarschieren zu können ohne über die Stangen zu treten.

Der Spielablauf: Die Reiter gehen einzeln an den Start.

Startpunkt ist eine Pferdelänge vor dem Eingang ins Labyrinth, wahlweise links- oder rechtsseitig. Die Startlinie kann zum Beispiel auch mit Pulver im Gras gekennzeichnet werden. Das „Hindernis" muss nun im Schritt so durchritten werden, dass das Pferd nirgends mit den Hufen anstößt und nicht über Stangen tritt beziehungsweise diese verschiebt. Die Ziellinie verläuft eine Pferdelänge hinter dem Ausgang aus dem Labyrinth.

Tipp: Fortgeschrittene Reiter und Pferde können das Labyrinth von beiden Seiten aus durchreiten. Man sollte diese Aufgabe aber nicht unterschätzen – das ständige Wenden erfordert eine gute Feinabstimmung zwischen Reiter und Pferd!

Tor öffnen und schließen

Das Zubehör: Ein frei durchschwingendes „Gatter" (Tor) aus Metall oder Holz, eventuell mit beidseitigen Fängen, eine Tonne oder andere Markierung als Ziel.

Das Spielfeld: Das Gatter wird an einer beliebigen Stelle in der Reitbahn auf-

gestellt. Es muss so verankert und stabil sein, dass es nicht umfallen kann. Man kann das Spiel auch an einem geeigneten Auslauf- oder Weidetor veranstalten, sofern sich keine frei laufenden Pferde in der Weide beziehungsweise im Auslauf befinden. Der Startpunkt liegt etwa drei Pferdelängen vor dem Hindernis, das Ziel etwa drei Pferdelängen dahinter.

Der Spielablauf: Der Reiter reitet auf das Tor zu und muss es vom Pferderücken aus mit einer Hand öffnen, während die andere Hand die Zügel hält. Er reitet durch das offene Tor, wendet das Pferd halb und schließt das Tor wieder. Dann reitet er vom Tor weg zum Ziel.
Es gilt nicht das Pferd irgendwie an den Zügeln herumzuziehen – man muss es mit exakten Hilfen dazu bringen Schritt für Schritt herumzutreten.

„L" rückwärts

Das Zubehör: Fünf Hindernisstangen, eventuell zwei Fänge und zwei Hindernisständer.

Das Spielfeld: An einer beliebigen Stelle der Reitbahn werden vier Hindernisstangen auf dem Boden zu einem „L" gelegt.
Vor die lange Seite legt man als Begrenzung eine weitere Stange, man kann auch ein Hindernis dorthin stellen und seitliche Fänge anbringen.

Der Spielablauf: Jeder Teilnehmer reitet sein Pferd einzeln vorwärts in das „L" hinein und pariert am Ende der Stangen vor der Begrenzung zum Halten durch. Auf das Startsignal hin muss er es durch Rückwärtsrichten wieder aus dem Hindernis hinausreiten.

Tipp: Auch das ist keine Aufgabe für Anfänger! Rüdes Reißen im Maul sollte ebenso zum Ausschluss führen wie längeres Stehenbleiben.

Mounted Games sind rasante Teamspiele

Spielturniere: Mounted Games

Der Begriff *Mounted Games* kommt aus dem Englischen und bedeutet sinngemäß „Spiele zu Pferd". Gemeint sind damit sportliche Reiterspiele, die wettbewerbsmäßig durchgeführt werden. Wie der Begriff, so kam auch diese Art der Reiterspiele für jugendliche Ponyreiter von Großbritannien aus zu uns. Die Engländer wiederum brachten die Idee während der Kolonialzeit von den

Höfen der Maharadschas mit nach Hause. Heute gibt es in Großbritannien zwei große Organisationen dafür: den *Pony Club* für Reiter bis 16 Jahre und die *Mounted Games Association of Great Britain*. Sie richten Jahr für Jahr zahlreiche *Gymkhanas* aus (ein Wort, das wie die Spiele aus dem Indischen stammt). Darunter versteht man allgemein Turniere, bei denen Geschicklichkeitswettbewerbe ausgetragen werden. Im Pferdesport sind Gymkhanas ein- bis mehrtägige Reiterwettbewerbe vor allem für Jugendliche. Diesen beiden großen Verbänden gehören weit über 100 Clubs oder Countys an, deren Mitglieder nach einheitlichen sportlichen Regeln ihr Können messen. So geht es in Vor- und Zwischenrunden um die Teilnahme am Finale der *Horse-of-the-Year-Show* in Wembley mit dem 1957 von Prinz Philip gestifteten Cup. Inzwischen hat sich die Idee weit über die Grenzen Englands hinaus ausgebreitet und es gibt Europa- und sogar Weltmeisterschaften.

Mounted Games in Deutschland

Für Mounted Games begeistern sich inzwischen auch in Deutschland viele junge Reiter und vor allem Reiterinnen. Den Anstoß hierzu gab 1990 der *Reit- und Fahrverein Nordheide* in Jesteburg bei Hamburg. Junge Reiterinnen aus diesem Verein bildeten das erste deutsche MG-Team; sie zeigen Mounted Games als Schauvorführung und

messen sich im Wettbewerb international mit Teams aus ganz Europa, aus den USA und aus Kanada.

Teamspiele nach klaren Regeln

Die Spiele werden auch bei uns nach den Regeln der *Mounted Games Association of Great Britain* ausgerichtet. Die Spiele und Richtlinien, die über die Jahre vereinheitlicht und perfektioniert wurden, sind relativ einfach, aber rasant. Gefragt sind reiterliches Können, Geschicklichkeit, Tempo und Teamgeist sowie eine gute Abstimmung zwischen Reiter beziehungsweise Reiterin und Pony.
Mounted Games sind in aller Regel Teamspiele, doch die meisten davon lassen sich in leicht abgewandelter Form auch als Einzelspiele austragen. Geritten wird nicht um Fehler und Zeit, sondern immer im unmittelbaren Vergleich: Zwei Teams treten direkt gegeneinander an. Fehler müssen sofort korrigiert werden. Das Team, das zum Schluss die Nase vorn hat, gewinnt und erhält die meisten Punkte, die über eine

Serie von Spielen zu einer Gesamtwertung addiert werden.

Um Mounted Games abhalten zu können benötigt man eine Arena von etwa 80 bis 100 Metern Länge. Wie breit das Spielfeld sein muss, hängt davon ab, wie viele Teams oder Reiter gleichzeitig starten: Je Team oder Reiter rechnet man mit einer Breite von etwa sechs bis acht Metern. Wo keine passende Reitanlage vorhanden ist, kann man sich auch mit einer ebenen Wiese oder einem Sandplatz behelfen; für das Training reicht ein Reitplatz beziehungsweise eine Reithalle.

Die Organisation

Die Leitung der Spiele liegt in den Händen eines Schiedsrichters; seine Entscheidungen sind endgültig. Ein Starter gibt das Startsignal für die Spiele und hält als Zielrichter die Platzierung der Teams in den einzelnen Wettbewerben fest. Die Teams erhalten je nach ihrer Platzierung Punkte. Die Punkte werden zu einer Gesamtwertung addiert. Ein Helferteam, die Arena-Party mit ein bis zwei so genannten Stewards pro

Bahn, nimmt die Auf- und Umbauten für die einzelnen Spiele vor und sorgt für den ordnungsgemäßen Ablauf der Wettbewerbe.

Ein Team besteht aus fünf Reitern samt ihren Ponys, von denen je vier in den einzelnen Spielen starten. In der Regel bleibt ein Reiter mit seinem Pony „in Reserve". Die Reiter dürfen zu Beginn des laufenden Jahres noch nicht 16 Jahre alt sein. Auch die Ausrüstung ist klar beschrieben: Die Ponys (bis zu einem Stockmaß von 148 Zentimetern) sind normal gesattelt – das heißt, mit einem Ledersattel mit Sattelbaum, Steigbügeln und einem Sattelgurt mit zwei Schnallen. Als Gebiss ist nur eine Wassertrense erlaubt. Die Teamtrainer und Schiedsrichter sollen darauf achten, dass Reiter und Ponys von der Größe her zusammenpassen. Die Reiter tragen Jodhpurhosen, Jodhpurstiefel und eine dunkle Reitkappe, deren Kinnriemen eine Dreipunktbefestigung und eine Kinnschale aufweist. Derjenige Reiter eines Teams, der in einem Spiel als Letzter startet, trägt ein weißes Band an der Reitkappe. Sporen und Gerte beziehungsweise der ersatzweise

Gebrauch von Zügeln, Spielgegenständen oder Ähnlichem sind nicht erlaubt und führen gegebenenfalls zur Disqualifikation.

 ## Die Regeln

Der Start erfolgt nach kurzer Vorankündigung auf ein Flaggensignal hin. Der Starter entscheidet, ob ein Start fair war und ruft die Reiter gegebenenfalls durch ein Pfeifensignal zurück. An Start und Ziel beziehungsweise an der Wechsellinie dürfen sich nur die jeweils nächsten Reiter aufhalten. Beim Wechsel müssen sich sämtliche beteiligten Ponys mit allen vier Hufen hinter der Wechsellinie befinden. Fällt beim Wechsel ein Gegenstand zu Boden, so kann jeder der beteiligten Reiter ihn aufheben. Außer bei Wechseln oder bei Paarspielen darf kein Reiter einem anderen Mitglied seines Teams helfen.

Der Reiter kann während eines Spiels jederzeit umkehren um Fehler zu korrigieren. Tut er das nicht, so scheidet er beziehungsweise sein Team gegebenenfalls aus. Bei Slalom-Spielen durch die so genannten Fluchtstangen, die das Spielfeld markieren, wird der Reiter beziehungsweise sein Team ausgeschlossen, wenn er eine Stange auf der falschen Seite passiert oder umwirft – sofern er den Fehler nicht korrigiert. Lässt ein Reiter bei dem Versuch eine Aufgabe auszuführen einen Gegenstand fallen, so kann er absteigen und seine Aufgabe vom Boden aus erledigen. Wenn ein Reiter Spielgegenstände durcheinander bringt, muss er notfalls absteigen und die Ordnung wieder herstellen. Dann ist vorgeschrieben, dass er in jedem Fall wieder aufsitzen muss, ehe er das Spiel fortsetzt. Zerbricht ein Reiter Spielzubehör, so scheidet er beziehungsweise sein Team aus. Wenn ein Reiter stürzt und dabei sein Pony loslässt, muss er – ehe er weiterreiten darf – mit dem wieder eingefangenen Pony an den Punkt zurückkehren, an dem er heruntergefallen ist. Außerdem müssen die Reiter bei den Spielen in der Bahn ihres Teams bleiben. Gerät ein Reiter in eine andere Bahn und behindert dort ein Mitglied des gegnerischen Teams oder bringt dessen Spielgegenstände durcheinander, so scheidet sein Team aus. Das Spiel kann – ohne das disqualifizierte Team – wiederholt werden.

Beim Finish, also beim Überqueren der Ziellinie, muss der Reiter „normal" im Sattel sitzen; die Füße müssen nicht unbedingt in den Steigbügeln sein. Für die Wertung der Spiele ist entscheidend, in welcher Reihenfolge die letzten Reiter der teilnehmenden Teams die Ziellinie überqueren. Teams, die bei einem Spiel ausgeschieden sind, erhalten keine Punkte. Die Fairness hat bei Mounted Games einen hohen Stellenwert: Unsportliches, schlechtes Benehmen kann zum Ausschluss führen.

Mounted Games der FN

Seit 1994 werden innerhalb einiger Landesverbände der Deutschen Reiterlichen Vereinigung (FN) ebenfalls wettkampfmäßig Ponyspiele ausgetragen. Vereinzelt gibt es sogar bundesweite Ausschreibungen. Jeder angeschlossene Verein kann ein Team oder sogar mehrere Gruppen von Teilnehmern aufstellen. Grundlage ist das „Handbuch der FN". Auch im Rahmen des Schulreitens, das an manchen Schulen zum Sportangebot gehört, gibt es manchmal Ponyspiele. Wer Näheres darüber wissen möchte, kann sich an die FN wenden (Anschrift siehe Seite 118).

Die Standardspiele

Auf den folgenden Seiten werden die Standardspiele der Mounted Games kurz vorgestellt.

Der Parcours wird beim ersten beschriebenen Spiel (Speed Weavers) von fünf je eineinhalb Meter langen Fluchtstangen markiert. Bei allen anderen Spielen ist die letzte Stange entfernt, sodass nur jeweils vier Fluchtstangen im Spielfeld stehen. Das angegebene Zubehör gilt für je ein Team. Viele dieser Gerätschaften kann man bei einiger Geduld preiswert in Haushaltswaren-, Spielwaren- oder Heimwerkerbedarf-Geschäften finden. Mit etwas Geschick und Fantasie kann man sie auch selber herstellen. Anregungen dafür sowie Anschriften für Musterbestellungen erhält man bei der Arbeitsgemeinschaft Mounted Games (Anschrift siehe Seite 118).

Speed Weavers oder „Slalom-Staffel"

Das Zubehör: Ein 30 Zentimeter langer Staffelstab.

Der Spielablauf: Ein Tempo-Spiel: Der erste Reiter eines Teams erhält den Staffelstab und reitet im Slalom zwischen den Stangen hindurch, um die letzte herum und zurück zu „Start und Ziel", wo er den Stab an den nächsten Reiter weitergibt.

Speed Weavers: Hier sind Tempo und Geschicklichkeit gefragt

Hula-Hoop

Das Zubehör: Ein Hula-Hoop-Reifen mit 40 Zentimetern Durchmesser oder zum Beispiel ein Mopedreifen.

Das Spielfeld: Der Hula-Hoop-Reifen oder ein anderer Reifen liegt auf der Mittellinie jeder Bahn.

Der Spielablauf: Das Spiel wird in Paaren geritten; der dritte Reiter des Teams wartet zu Beginn an der Wechsellinie. Das erste Paar reitet zur Mittellinie. Dort steigt Reiter 1 ab und schlüpft durch den Reifen, während Reiter 2 sein Pony hält. Reiter 1 sitzt wieder auf und das Paar reitet zur Wechsellinie, wo Reiter 1 ausscheidet. Reiter 2 und Reiter 3 reiten dann von der Wechsellinie als Paar weiter. Jetzt muss Reiter 2 durch den Reifen schlüpfen, während Reiter 3 sein Pony hält. Anschließend reiten sie zur Startlinie, wo Reiter 4 wartet. Jetzt kriecht Reiter 3 durch den Reifen. Zum Schluss begleitet Reiter 4 Reiter 1 ins Ziel zurück.

73

Socks and Buckets oder „Socken in den Eimer"

Das Zubehör: Ein 30 Zentimeter hoher Eimer, fünf mit Sand gefüllte Socken.

Das Spielfeld: Zwei Meter hinter der Wechsellinie liegen in einem engen Kreis vier gefüllte Socken auf dem Boden; auf der Mittellinie steht der Eimer.

Der Spielablauf: Der erste Reiter startet mit der fünften Socke, die er im Vorbeireiten in den Eimer wirft.

Er reitet zur Wechsellinie, steigt ab und nimmt eine Socke. Er sitzt wieder auf und reitet zurück zu „Start und Ziel", wo er die Socke dem nächsten Reiter übergibt – und so weiter, bis der letzte Reiter die letzte Socke in den Eimer wirft.

Litter Lifters oder „Abfall sammeln"

Das Zubehör: Ein 120 Zentimeter langer Stab aus Bambus oder ähnlichem Material, fünf hohe schmale Plastikbecher, eine Tonne.

Das Spielfeld: Zwei Meter hinter der Wechsellinie jeder Bahn liegen eng beieinander die Plastikbecher, deren Öffnung vom Ziel weg weist; auf der Mittellinie steht die Tonne.

Der Spielablauf: Der erste Reiter reitet mit dem Stab zu den Bechern, hebt vom Sattel aus mit dem Stab einen Becher auf und wirft ihn beim Rückweg in die Tonne. Bei „Start und Ziel" übergibt er den Stab dem nächsten Reiter. Die Becher dürfen nicht mit

Litter Lifters: kein Spiel für ängstliche Reiter

der Hand angefasst werden. Gerät beim Aufsammeln ein Becher über die Wechsellinie hinaus, so muss der Reiter sich bemühen trotzdem diesen – und keinen anderen – Becher aufzunehmen. Der letzte Reiter bringt den Stab ins Ziel.

Bottle Shuttle oder „Flaschen-Pendelverkehr"

Das Zubehör: Zwei 60 Zentimeter hohe Tonnen, zwei Plastikflaschen, die zu je einem Drittel mit Sand gefüllt sind.

Das Spielfeld: Auf jeder Bahn stehen in der Bahnmitte zwischen den Fluchtstangen zwei Tonnen: eine auf der Mittellinie und eine ungefähr zwei Meter hinter der Wechsellinie. Auf der Tonne hinter der Wechsellinie steht eine der zu einem Drittel mit Sand gefüllten, griffigen Plastikflaschen.

Der Spielablauf: Der erste Reiter startet mit der zweiten Flasche, die er im Vorbeireiten auf der Tonne an der Mittellinie abstellt. Die Flasche muss dabei aufrecht stehen bleiben. Nun holt er

von der Tonne an der Wechsellinie die andere Flasche, reitet zurück zu „Start und Ziel" und übergibt sie dem nächsten Reiter. Alle Reiter des Teams stellen eine Flasche auf die jeweils leere Tonne und holen eine Flasche von der anderen Tonne. Der letzte Reiter bringt eine Flasche ins Ziel.

Hug-a-Mug oder „Becher-Spiel"

Das Zubehör: Eine 60 Zentimeter hohe Tonne, fünf (Metall-)Becher.

Das Spielfeld: Die Tonne wird zwei Meter hinter der Wechsellinie jeder Bahn platziert. Auf der Tonne stehen vier Becher.

Der Spielablauf: Der erste Reiter erhält den fünften Becher, den er im Vorbeireiten auf eine beliebige Fluchtstange seiner Bahn stülpt. Er holt dann von der Tonne an der Wechsellinie einen anderen Becher und gibt diesen bei „Start und Ziel" an den nächsten Reiter weiter. Der letzte Reiter bringt den letzten Becher ins Ziel.

Pony Pairs oder „Pony-Paare"

Das Zubehör: Ein 90 Zentimeter langes, stabiles Seil.

Der Spielablauf: Der erste Reiter eines Teams reitet mit dem Seil in der Hand im Slalom zur Wechsellinie, wo der zweite Reiter wartet. Dort fasst Reiter 2 das andere Ende des Seils und beide reiten – das Seil haltend – im Slalom zurück zu „Start und Ziel". Dort übernimmt Reiter 3 das Seilende vom ersten Reiter und reitet mit Reiter 2 im Slalom zur Wechsellinie.

Ride and Lead: das Reiten mit Handpferd will geübt sein

Hier übergibt Reiter 2 sein Seilende an Reiter 4, der nun mit Reiter 3 im Slalom ins Ziel reitet.
Lässt ein Reiter das Seil los, so muss das Paar an die Stelle zurückkehren, an der der Fehler geschehen ist.
Ein Paar ist im Ziel, wenn beide Ponys mit allen Hufen die Ziellinie überquert haben.

Ride and Lead oder „Reiten und führen"

Der Spielablauf: Reiter 1 reitet im Slalom zur Wechsellinie und führt dabei das Pony von Reiter 2 als Handpferd mit. An der Wechsellinie sitzt Reiter 2 auf und reitet – das Pony von Reiter 3 führend – im Slalom zurück zu „Start und Ziel". Dort schwingt sich Reiter 3 in den Sattel und bringt das Pony von Reiter 4 zur Wechsellinie. Reiter 4 führt dann am Schluss vom Sattel aus das Pony von Reiter 1 zu „Start und Ziel".
Verliert ein Reiter das geführte Pony, so muss er es einfangen und an die Stelle zurückkehren, an der der Fehler geschehen ist.

Pony Express

Das Zubehör: Ein 60 mal 40 Zentimeter großer Postsack, vier „Briefe" aus Karton, die jeweils 10 mal 15 Zentimeter groß sind.

Der Spielablauf: Hinter der Wechsellinie jeder Bahn steht ein Steward mit den vier „Briefen". Der erste Reiter startet mit dem Sack in der Hand und reitet im Slalom zum Ende der Bahn, wo ihm der Steward einen Brief übergibt. Der Reiter packt den Brief in den Postsack und reitet im Slalom zurück zu „Start und Ziel", wo er den Sack dem nächsten Reiter übergibt. Zum Schluss muss Reiter 4 mit dem Sack mit allen vier Briefen das Ziel erreichen.

Bang-a-Balloon oder „Luftballon-Stechen"

Das Zubehör: Eine 180 Zentimeter lange Planke, sechs Luftballons mit einem Durchmesser von zehn Zentimetern, eine 130 Zentimeter lange „Lanze" mit einem Nagel beziehungsweise einer Nadel an der Spitze.

Das Spielfeld: Auf der Planke, die in Längsrichtung über der Mittellinie am Boden liegt, sind sechs Luftballons befestigt.

Der Spielablauf: Je zwei Reiter eines Teams starten von den entgegengesetzten Enden der Bahn. Der erste Reiter hat die „Lanze" in der Hand. Er reitet an der Planke vorbei und bringt dabei einen Ballon zum Platzen, indem er mit der Spitze zusticht oder mit der Lanze daraufschlägt. An der Wechsellinie übergibt er die Lanze dem nächsten Reiter. Jeder Reiter muss mindestens einen Luftballon zum Platzen bringen.

Sword Lancers oder „Ringe stechen"

Das Zubehör: Ein 60 Zentimeter langer „Degen" mit einem 20 Zentimeter langen Griff, vier stabile Ringe von zehn Zentimetern Durchmesser mit Stiel, Gummiringe.

Das Spielfeld: Die Ringe werden mit den Gummis auf den vier Fluchtstangen jeder Bahn befestigt.

Der Spielablauf: Je zwei Reiter der Teams starten im Wechsel von den entgegengesetzten Enden der Bahn. Reiter 1 reitet mit dem „Degen" los, sticht einen Ring von einer Stange und übergibt Degen und Ring dem nächsten Reiter, der nun in entgegengesetzter Richtung ebenfalls einen Ring von einer Stange holt. Die Reiter dürfen den Degen nur am Griff anfassen und die Ringe nicht mit der Hand festhalten. Lässt ein Reiter Degen und/oder Ringe fallen, so kann er absteigen, die Gegenstände mit der Hand aufheben und sie festhalten, bis er wieder aufgesessen ist. Der letzte Reiter bringt den Degen mit vier Ringen ins Ziel.

Agility Aces oder „Flinke Füße"

Das Zubehör: Sechs 20 Zentimeter hohe (Blech-)Eimer mit einem Durchmesser von 15 Zentimetern.

Das Spielfeld: An der Mittellinie liegen die sechs umgestülpten Eimer („Stepping Stones") in kurzen Abständen hintereinander.

Der Spielablauf: Je zwei Reiter eines Teams starten im Wechsel von den entgegengesetzten Enden der Bahn. Der erste Reiter reitet an die Eimer heran, sitzt ab, führt sein Pony am Zügel und überquert – zu Fuß und Eimer für Eimer – die Linie. Der Reiter muss ohne den Boden zu berühren auf alle sechs Eimer treten. Gelingt das nicht, so muss er den Versuch wiederholen. Dann sitzt er, nach zumindest einem Schritt auf dem Boden, wieder auf und reitet zur Wechsellinie. Dort startet nun Reiter 2 – und so weiter.

Flag Fliers oder „Flaggen-Rennen"

Das Zubehör: Zwei 40 Zentimeter hohe Verkehrskegel, fünf Flaggen an je 120 Zentimeter langen Stäben.

Das Spielfeld: In der Bahnmitte stehen die zwei Verkehrskegel als Flaggenhalter: einer auf der Mittellinie und einer zwei Meter hinter der Wechsellinie. In dem Halter auf der Mittellinie stecken vier Flaggen.

Der Spielablauf: Der erste Reiter startet mit der fünften Flagge, die er in den Halter an der Wechsellinie steckt. Auf dem Rückweg nimmt er eine Flagge aus dem Halter an der Mittellinie und übergibt sie bei „Start und Ziel" dem nächsten Reiter. Der letzte Reiter bringt die letzte Flagge ins Ziel.

Associations-Race oder „Hochstapler-Spiel"

Das Zubehör: Zwei 60 Zentimeter hohe Tonnen, fünf mit Buchstaben beschriftete Plastikbehälter.

Das Spielfeld: In der Bahnmitte stehen zwischen den Fluchtstangen die zwei Tonnen: eine auf der Mittellinie und die andere zwei Meter hinter der Wechsellinie. Auf der Tonne am Bahnende sind vier Plastikbehälter zu einem Turm gestapelt, auf denen jeweils ein Buchstabe steht. Die vier Buchstaben sind Bestandteil eines Wortes aus fünf Buchstaben. Die Behälter werden in umge-

kehrter Buchstaben-Reihenfolge so aufeinander gestellt, dass der erste Buchstabe zuunterst platziert ist und der vorletzte oben.

Der Spielablauf: Reiter 1 erhält den Behälter mit dem fünften und letzten Buchstaben und setzt ihn auf der Tonne an der Mittellinie ab. Nun holt er den nächsten „Buchstaben" von der Tonne am Bahnende und beginnt das Lösungswort auf der Tonne an der Mittellinie „hochzustapeln". Die anderen Reiter des Teams komplettieren das Wort Buchstabe für Buchstabe, indem sie die Behälter in der richtigen Buchstaben-Reihenfolge auf der Tonne aufeinander stapeln. Der Turm aus den Plastikbehältern muss dabei aufrecht stehen bleiben.

Windsor Game

Das Zubehör: Ein 75 Zentimeter hoher Verkehrskegel, ein darauf passender zweiter Kegel oder ein anderer geeigneter Gegenstand als „Turm", ein (Holz-)Ball mit einem Durchmesser von acht Zentimetern, ein 30 Zentimeter hoher Eimer.

Das Spielfeld: Auf jeder Bahn steht in der Bahnmitte zwischen den Fluchtstangen auf der Mittellinie ein „Schloss" (der große Verkehrskegel), auf halbem Weg zwischen Mittel- und Wechsellinie befindet sich ein „Burggraben" (Eimer mit Wasser). Jeder Reiter eines Teams hat eine andere Aufgabe; je zwei Reiter starten von den entgegengesetzten Enden der Bahn.

Der Spielablauf: Reiter 1 erhält den „Turm" und setzt ihn im Vorbeireiten auf das Schloss der Windsors. Reiter 2 startet von der Wechsellinie und legt einen „Reichsapfel" (Ball) auf den Turm. Der „Bösewicht", Reiter 3, „stiehlt" den Reichsapfel und wirft ihn in den Burggraben. Reiter 4 fischt den Ball – wenn möglich ohne abzusteigen – wieder heraus, legt ihn auf den Turm zurück und reitet ins Ziel.

Hi-Lo oder „Hoch und tief"

Das Zubehör: Ein 240 Zentimeter hoher Korbball-Ständer mit einem Ringdurchmesser von 20 Zenti-

metern, vier 40 Zentimeter hohe Verkehrskegel, fünf Tennisbälle.

Das Spielfeld: Auf jeder Bahn steht zwei Meter hinter der Wechsellinie ein Korbball-Ständer. Auf den vier Verkehrskegeln, die in der Linie der Fluchtstangen aufgestellt werden, liegen vier Tennisbälle.

Der Spielablauf: Der erste Reiter reitet mit dem fünften Tennisball zur Wechsellinie und befördert ihn dort – high/hoch – in das Korbball-Netz. Auf dem Rückweg nimmt er einen Tennisball – low/tief – von einem der Verkehrskegel auf und übergibt ihn bei „Start und Ziel" dem nächsten Reiter. Dieser wiederholt den Vorgang – und so weiter. Der letzte Reiter bringt den letzten Tennisball ins Ziel.

Three-legged-Sack oder „Dreibein-Rennen"

Das Zubehör: Ein 80 Zentimeter hoher Sack.

Der Spielablauf: Ein Spiel „just for fun". Zum „Sackrennen mit Partner-

Behinderung" starten je zwei Reiter eines Teams von den entgegengesetzten Enden der Bahn. Reiter 1 galoppiert mit dem Sack zum Ende der Bahn, wo Reiter 2 wartet. Beide steigen ab und schlüpfen so schnell wie möglich mit einem Bein in den Sack. Und dann geht es im gleichen Schritt und Tritt mit den Ponys zurück zum Ziel, wo gewechselt wird.

Fürs „Sackrennen mit Partnerbehinderung" müssen die Teilnehmer gut aufeinander abgestimmt sein

Jousting oder „Lanzen-Turnier"

Das Zubehör: Zwei 75 Zentimeter hohe Verkehrskegel, eine 180 Zentimeter lange Planke, vier Gegenstände mit einem Durchmesser von je 15 Zentimetern als „Ziele", eine stumpfe, 130 Zentimeter lange „Lanze".

Das Spielfeld: Die Planke wird in Längsrichtung über der Mittellinie der Bahn auf die zwei Verkehrskegel gelegt. Darauf stehen an beiden Enden je zwei etwa handgroße „Ziele".

Der Spielablauf: Je zwei Reiter eines Teams starten im Wechsel von den entgegengesetzten Enden der Bahn. Der erste Reiter erhält die stumpfe „Lanze", mit der er bei seinem Ritt an der Planke vorbei ein „Ziel" umstößt. An der Wechsellinie übergibt er die Lanze dem nächsten Reiter. Alle Reiter des Teams absolvieren den Parcours in gleicher Weise. Die Ziele müssen deutlich mit der Spitze der Lanze getroffen werden und dürfen nicht im Vorbeireiten heruntergeworfen werden.

Mug-Shuffle oder „Becher-Pendelverkehr"

Das Zubehör: Zwei Plastik- oder Metallbecher.

81

Das Spielfeld: Die Becher werden auf die erste und die dritte Fluchtstange der Bahn gestülpt.

Der Spielablauf: Je zwei Reiter starten von den entgegengesetzten Enden der Bahn. Reiter 1 reitet zur ersten Fluchtstange, nimmt den Becher ab und stülpt ihn auf die zweite Fluchtstange. Er reitet weiter zur dritten Fluchtstange, nimmt dort den zweiten Becher und deponiert ihn auf der vierten Fluchstange. Nach dem Wechsel stellt Reiter 2 auf dem Weg zurück zu „Start und Ziel" die alte Ordnung wieder her. Reiter 3 und 4 lassen die Becher in gleicher Weise über die Fluchtstangen vor und zurück „pendeln".

Two Flag Race oder „Zwei-Flaggen-Rennen"

Das Zubehör: Zwei Verkehrskegel, zwei Flaggen.

Das Spielfeld: In der Bahnmitte stehen die zwei Verkehrskegel als Flaggenhalter: einer in Höhe der ersten Reihe und einer in Höhe der vierten Reihe der Fluchtstangen. In dem Halter am Bahnende steckt eine Flagge.

Der Spielablauf: Je zwei Reiter eines Teams starten im Wechsel von den entgegengesetzten Enden der Bahn. Der erste Reiter reitet mit einer Flagge zum ersten Flaggenhalter und steckt die Flagge hinein. Nun holt er die andere Flagge aus dem zweiten Flaggenhalter und gibt sie an Reiter 2 weiter. Der letzte Reiter bringt die letzte Flagge mit ins Ziel.

Four Flag Race oder „Vier-Flaggen-Rennen"

Das Zubehör: Vier verschiedenfarbige Verkehrskegel mit einer kleinen Öffnung oben, vier Flaggen in entsprechenden Farben, ein Behälter als Flaggenhalter.

Das Spielfeld: Die vier Verkehrskegel stehen als Flaggenhalter in Höhe der ersten Fluchtstangen-Reihe mittig quer zur Bahn. Zwei Meter hinter der Wechsellinie stecken in dem Flaggenhalter die vier Flaggen.

Der Spielablauf: Die Reiter des Teams holen nacheinander je eine Flagge vom Bahnende und stecken sie vom Rücken der Ponys herab in die passenden Flaggenhalter am Anfang der Bahn – also die rote Flagge in den roten Kegel, die blaue in den blauen und so weiter.

Carton Race oder „Becher-Rennen"

Das Zubehör: Ein 30 Zentimeter hoher Eimer, vier schmale hohe Plastikbecher.

Das Spielfeld: Zwei Meter hinter der Wechsellinie steht der Eimer in gerader Linie zu den Fluchtstangen, auf die die Plastikbecher gestülpt sind.

Der Spielablauf: Der erste Reiter nimmt im Vorbeireiten einen Becher von einer beliebigen Fluchtstange, wirft ihn vom Rücken des Ponys herab in den Eimer am Bahnende und reitet zurück zu „Start und Ziel". Die anderen Reiter erledigen nacheinander die gleiche Aufgabe. Die Fluchtstangen dürfen dabei nicht umgeworfen werden.

Tool Box Scramble oder „Putzkasten-Rennen"

Das Zubehör: Eine stabile, 40 mal 25 Zentimeter große Platte aus Holz oder Metall, die auf einem etwa 50 Zentimeter langen Rohr mittig angebracht ist; vier Holzklötze mit den Maßen 15 mal 5 mal 5 Zentimeter, ein Putzkasten.

Das Spielfeld: Die Plattform wird mit dem Rohr so auf die zweite Fluchtstange gestülpt, dass man sie dort drehen kann. Zwei Meter hinter der Wechsellinie liegen die vier Holzklötzchen.

Der Spielablauf: Reiter 1 startet mit dem Putzkasten und stellt ihn auf der Dreh-Plattform ab. Er reitet weiter zum Bahnende, sitzt ab, hebt ein Holzklötzchen auf und sitzt wieder auf. Auf dem Weg zurück zu „Start und Ziel" legt er das Klötzchen in den Putzkasten. Die anderen Reiter holen nacheinander ebenfalls jeweils ein Klötzchen und deponieren es im Putzkasten. Der letzte Reiter bringt den Putzkasten ins Ziel.

Spiele im Gelände

Bei Reiterspielen im Gelände werden andere Aufgaben gestellt als in der Bahn. Man kann aber durchaus an einem Spieletag sowohl Bahn- als auch Geländespiele ausrichten. An Spielen in der freien Natur sollte man natürlich nur mit einem geländeerfahrenen Pferd teilnehmen. Man selber muss im Gelände nicht nur sicher im Sattel sitzen, sondern auch die wichtigsten Ge- und Verbote für das Reiten in der freien Natur in der betreffenden Region kennen. Die Reitgesetze sind ja von Bundesland zu Bundesland recht unterschiedlich. Außerdem sollte man in der Lage sein kleinere natürliche Hindernisse zu überwinden. Die ersten Male beteiligt man sich am besten an Veranstaltungen, die in vertrautem Gelände stattfinden. So besteht kaum Gefahr, dass man sich hoffnungslos verreitet.

Die Dauer von Geländespielen hängt von der Reitstrecke und den gestellten Aufgaben ab. Wenn die vorgesehene Zeitspanne nicht in der Ausschreibung angegeben ist, sollte man sich danach erkundigen. So stellt man sicher, dass man bei einem Ritt, der sich über mehrere Stunden hin-

zieht, nicht unterwegs vermeintlich in Zeitnot gerät. Außerdem kann man sich bei einer längeren Strecke eventuell zumindest mit einem Getränk beziehungsweise einer Wasserflasche versorgen.

Manche Veranstalter lassen nur Reiter starten, die mit einer stabilen Dreipunkt-Sturzkappe ausgerüstet sind und feste Reitstiefel tragen. Ansonsten bleibt es – wie auch bei Bahnspielen – den Teilnehmern selbst überlassen, wie sie sich kleiden wollen. Übrigens: In Regionen, in denen von der Gemeinde oder der Forstbehörde eine Kennzeichnung der Pferde mit Kopfnummern vorgeschrieben ist, müssen diese offiziellen Schilder auch dann mitgeführt werden, wenn Teilnehmernummern ausgegeben werden.

In aller Regel werden Geländespiele für Teams ausgerichtet. Man ist also draußen nicht allein, sondern mindestens zu zweit unterwegs – so, wie man es beim alltäglichen Geländereiten ja auch halten sollte. Die Teilnehmer bekommen Aufgabenblätter mit auf den Weg. Gestartet wird meist in festgelegten Zeitabständen, sodass sich die

Teams unterwegs möglichst nicht ins Gehege kommen. Grundsätzlich geht es bei Geländespielen nicht so sehr um Geschwindigkeit, sondern vor allem darum, die gestellten Aufgaben richtig zu lösen. Bewertet wird im Allgemeinen nach einem Punktesystem: Je mehr Punkte zusammenkommen, umso besser liegt man in der Wertung. Damit die Teilnehmer ihre Pferde nicht unnötig hetzen, wird allenfalls eine Höchstdauer angegeben um sicherzustellen, dass alle Reiter bis zu einem bestimmten Zeitpunkt wieder eingetroffen sind. Nach „überfälligen" Teilnehmern wird dann unter Umständen gesucht.

Suchritte und Rallyes

Geländespiele können als einfache Orientierungs- oder Suchritte veranstaltet werden. Dabei geht es hauptsächlich darum, nach verschlüsselten Angaben bestimmte Orte, Gebäude, Anlagen oder Natur-Sehenswürdigkeiten zu finden und aufzuschreiben. Das kann ein Aussichts- oder ein Kirchturm sein, ein Schloss, eine Burgruine oder ein Gehöft, ein kleiner See oder ein Wasserfall, ein Waldspielplatz, ein alter prächtiger Baum, der als Naturdenkmal ausgewiesen ist, ein Wegkreuz, ein Grenzpfosten oder ein Brunnen ... Meistens bekommt man schriftliche Hinweise mit auf den Weg; sie sind vielleicht in einem Reim oder in einem Lied „versteckt", in einer Anweisung, die nicht wortwörtlich genommen werden darf, in einem Bilderrätsel oder in der Kopie eines Zeitungsartikels. Für Suchritte dieser Art sind Gebietskarten oft sehr nützlich, in denen markante Baulichkeiten, aber auch kleinere Gewässer gekennzeichnet sind.

Häufig werden Geländespiele oder manchmal auch kombinierte Bahn- und Geländeveranstaltungen als Rallyes ausgeschrieben. Dieser Ausdruck stammt von dem französischen Wort „rallier", was auf Deutsch „sich versammeln" heißt. Ursprünglich verwendete man die Bezeichnung Rallye nur für Auto- und Motorradrennen, die auf einem Rundkurs oder als Sternfahrten im offenen Gelände stattfinden. Später wurde der Begriff unter an-

derem auch in die Reiterei übernommen. Bei solchen Rallyes zu Pferd müssen in einem festgelegten Bezirk mit Kontrollstellen die verschiedensten Aufgaben bewältigt werden. Jede Rallye verläuft anders, der Fantasie sind nur dort Grenzen gesetzt, wo es um die Sicherheit der Teilnehmer oder um die Einhaltung von Vorschriften geht. Auf den nächsten Seiten werden typische Rallyeformen und eine Auswahl möglicher Aufgaben vorgestellt.

 **Vielfältige Aufgaben**

Oft bekommen die Teilnehmer an einer Rallye einen Lageplan oder eine Streckenkarte ausgehändigt. Das ist besonders dann erforderlich, wenn auch Reiter aus anderen Regionen an den Start gehen, die sich in dem betreffenden Gebiet überhaupt nicht auskennen. Auch bei Geländespielen können Reit- und Führaufgaben zum Programm gehören. So wird manchmal auf einem kurzen Abschnitt das Reiten in einer ganz bestimmten Gangart verlangt – natürlich unter den Augen einer Kontrollperson –

oder es muss ein niedriges Hindernis übersprungen werden. Wer nicht springen möchte, kann trotzdem teilnehmen: Wenn er die Hürde lieber auslässt, bekommt er für diese Aufgabe lediglich keine Punkte. Vielleicht muss man an einer bestimmten Stelle absitzen, das Pferd ein Stück führen und es dann sachgerecht anbinden. Es kann auch sein, dass darüber hinaus der Puls des Pferdes gemessen werden soll oder man einen „Notverband" an einem Pferdebein – beziehungsweise am Arm eines „verletzten" Reiters – anlegen oder die Hufe auskratzen muss. Bei diesen Aufgaben geht es darum, die Sachkenntnis der Teilnehmer zu überprüfen. Davon abgesehen gibt es eine Fülle weiterer Aufgabenstellungen, die Abwechslung bieten, teilweise aber auch einige Kenntnisse verlangen. Wie bei einem reinen Orientierungsritt, so kann auch bei einer Rallye verlangt werden, dass die Teilnehmer bestimmte Örtlichkeiten suchen. Vielleicht hat der Veranstalter aber auch Dinge versteckt, die gefunden und zum nächsten Kontrollpunkt mitgenommen werden müssen. Dabei

Bei Geländespielen ist eine Gebietskarte oft unentbehrlich

Ein solcher Sprung über einen Baumstamm macht Spaß – aber wer nicht springen möchte, kann einfach an dem Hindernis vorbeireiten

handelt es sich meist um Gegenstände, die zu Pferd einfach zu transportieren sind – etwa Fähnchen, Tücher, Marken, kleine Bälle oder Wurfringe, leere Plastikbehälter, kurze Holzstöcke oder auch Kartoffeln beziehungsweise Äpfel. Sie können sich beispielsweise in einem Eimer, in einer Kiste oder in einem Karton im Gebüsch befinden, hinter einer Ruhebank oder einem Findling, in der (erreichbaren) Astgabel eines Baumes oder unter einem geparkten Traktor… Vielleicht muss man an einigen Stellen gekennzeichnete Bäume oder Sträucher, Blumen, Kräuter oder Gräser bestimmen, also die richtigen Namen und Bezeichnungen notieren. Dabei kann eventuell auch die Zusatzfrage gestellt werden, ob die betreffende Pflanze für Pferde giftig ist. Oder es liegen beziehungsweise wachsen an einer Kontrollstelle Früchte, Blüten oder Samen, die man in Augenschein nehmen und benennen muss. Noch schwieriger wird's, wenn man durch Riechen erkennen soll, um welche Frucht oder Pflanze es sich handelt.

Häufig wird auch verlangt, dass die Teilnehmer eine Hand voll bestimmter Pflanzenteile vom Ritt mitbringen – natürlich nur solche, die nicht unter Naturschutz stehen und die man nicht von einem Acker „klauen" muss. Das ist vor allem im Herbst eine beliebte Aufgabe, denn dann gibt es meist eine reiche Ernte von Strauch- und Laubbaumfrüchten wie Kastanien, Eicheln, Bucheckern, Haselnüssen, Hagebutten und Schlehen. Auch heruntergefallene Blätter und die Zapfen von Nadelbäumen gehören zu den möglichen Mitbringseln, ebenso liegen gebliebene Ähren von einem abgeernteten Feld.

Vielleicht werden die Teilnehmer auch zum Zählen bestimmter Dinge aufgefordert. Zum Beispiel: Wie viele Stämme befinden sich auf einem ganz bestimmten Holzstoß, wie viele Fenster hat die Brotzeithütte, wie viele Schilder befinden sich an der großen Wegkreuzung? Schier unendlich sind schließlich die Möglichkeiten für Fragen. Gute Veranstalter zeichnen sich dadurch aus, dass sie sich vorwiegend oder ausschließlich Fachfragen rund ums Pferd und ums Reiten ausdenken und diese auch so präzise

wie möglich formulieren. Die Fragen können an verschiedenen Kontrollpunkten beziehungsweise alle an einem dieser Punkte oder auch am Ziel auf dem Hof gestellt werden. Es kann sich um Direktfragen oder um Auswahlfragen handeln. Letztere machen manchem Teilnehmer das Finden der richtigen Antwort leichter.
Einige Beispiele:

1. Wie nennt man das letzte lebende Wildpferd?
   a) Tarpan
   b) Przewalskipferd oder Mongolisches Urwildpferd
   c) Connemarapony
2. Wie sieht ein fuchsfarbenes Pferd aus? Es hat:
   a) braunes Fell und schwarzes Langhaar
   b) beigefarbenes Fell und schwarzes Langhaar
   c) braunes Fell und braunes beziehungsweise helles Langhaar
3. Wie nennt man das Fabelpferd mit Flügeln?
   a) Einhorn
   b) Pegasus
   c) Zentaur
4. Was versteht man unter einem „blanken" Pferd?
   a) ein super geputztes Pferd
   b) ein Pferd, das seinen Reiter abgesetzt hat
   c) ein ungesatteltes, gezäumtes Pferd

Na – alles gewusst? Richtig sind die Antworten 1 b, 2 c, 3 b und 4 c.

Eine gute Idee ist es auch die Bezeichnungen für bestimmte Körperteile des Pferdes anhand eines „lebenden Objekts" abzufragen. Doch es geht auch umgekehrt: Dann bekommt der Teilnehmer eine Bezeichnung genannt und muss nun am Pferd den betreffenden Bereich zeigen. Natürlich gibt es noch jede Menge sonstiger Fragemöglichkeiten – etwa zum Körperbau, zu den Rassen, zur Pferdegesundheit, zur Reitlehre und zur Reitausrüstung, zur Pferdehaltung oder zur Geschichte des Pferdes. Als Teilnehmer an einer Rallye muss man auch mit Aufzählfragen, Fangfragen oder Scherzfragen rechnen. Also aufgepasst, wenn etwa nach dem Schlüsselbein des Pferdes gefragt wird, und scharf nachgedacht, wenn für jeden Buchstaben des Alphabets eine Pferderasse genannt werden soll! Wer nicht nur im Sattel, sondern auch in der Theorie rund ums Pferd fit ist, wird an diesen Aufgaben viel Spaß haben.

Der Reiterpass

Manche Veranstalter von Geländespielen verlangen, dass die Teilnehmer den Reiterpass vorweisen können. Damit möchte man Unfällen vorbeugen, die aus Mangel an reiterlichen Fähigkeiten entstehen können.

Man bekommt den Reiterpass zum Beispiel bei der FN oder bei der EWU (Anschriften siehe Seite 118), wenn man eine entsprechende Prüfung im Geländereiten erfolgreich abgelegt hat. Mehrere hunderttausend Reiter in Deutschland sind bereits im Besitz des Reiterpasses. Vorbereitungskurse gibt es bei vielen Vereinen. Für die Reiter gibt es keine Altersbegrenzungen. Die Pferde, die in der Reiterpassprüfung eingesetzt werden, müssen jedoch mindestens vier Jahre alt sein und den bei der Prüfung gestellten Anforderungen genügen. Man muss nicht mit einem eigenen Pferd antreten.

Die Prüfung besteht aus einem theoretischen und einem praktischen Abschnitt. Der praktische Teil wird ausschließlich im Gelände geprüft. In Theorie und Praxis wird unter anderem verlangt: Grundkenntnisse der Reitlehre (Sitz, Hilfen, Gangarten) und der Pferdehaltung (Pflege, Fütterung, Tränken, Anzeichen von Krankheiten, Giftpflanzen); Vorbereitung des Pferdes zum Ausritt (Putzen, Zäumen, Satteln); Reiten in allen Grundgangarten; Kolonnenreiten und Einzelgalopp; Überwinden kleiner natürlicher Hindernisse, etwa einer Kletterstelle oder eines Wasserlaufs; Versorgen des Pferdes bei Rast oder Unfall; reiterliches Verhalten und Umweltschutz (Begegnung mit Fußgängern, Rücksicht auf Jagd, Land- und Forstwirtschaft); Reiten im Straßenverkehr, Unfallverhütung und erste Hilfe für Reiter und Pferd; einschlägige Rechtsvorschriften zum Straßenverkehrsrecht, zum Landesrecht über das Reiten in Feld und Wald, zum Tierschutzgesetz und zur Tierhalterhaftung.

Eine nicht bestandene Prüfung kann wiederholt werden. Bei der FN können Reiterpass-Inhaber eine Aufbauprüfung mit einem erweiterten Geländeritt ablegen. Dafür bekommt man die Reiterpassnadel.

Pferde und Reiter stimmen sich aufeinander ein, bevor sie eine Formation bilden

Formationsreiten

Beim Formationsreiten und -fahren handelt es sich um Vorführungen, bei denen mehrere Reiter oder Fahrer paarweise bestimmten Wegen folgen beziehungsweise bestimmte Figuren ausführen, sodass sich insgesamt ein attraktives Bild ergibt. Die Schauveranstaltungen werden meist mit Musik begleitet. Formationsreiten kann an Reiterspieletagen einen „krönenden" Abschluss darstellen. Eine solche Vorführung kann aber genauso gut für sich allein stehen, zum Beispiel zu einem festlichen Anlass oder als künstlerische Einlage während eines Turniers. Formationsreiten lässt sich zu zweit als Pas de deux, also als Paarritt,

durchführen. Bei vier Teilnehmern oder einer größeren Anzahl von Reitern, die sich durch vier teilen lässt, spricht man von einer Quadrille. Sowohl Pas de deux als auch Quadrillen werden überwiegend spiegelbildlich ausgeführt. Daneben gibt es noch die Dreier- oder Familienklasse, die aber andere Anforderungen an Pferde und Reiter stellt; Formationen mit ungeraden Teilnehmerzahlen ab fünf sind seltener.
Eine Abwandlung des Formationsreitens beziehungsweise -fahrens ist das Synchronreiten oder -fahren, bei dem zwei Sportler gleichzeitig die gleiche Übung in derselben Richtung ausführen.

Viele Möglichkeiten

In diesem Buch werden ausschließlich Reitformationen mit geraden Teilnehmerzahlen vorgestellt. Grundsätzlich unterscheidet man Dressurformationen und Springformationen. Erstere kann man in einer einheitlichen Reitweise ausführen oder als gemischte Vorführung, an der sich Reiter verschiedener Reitstile mit entsprechend unterschiedlicher Ausrüstung beteiligen. Außerdem ist es möglich reine Frauenbeziehungsweise Mädchenquadrillen zu bilden und ebenso natürlich Formationen, bei denen nur männliche Reiter mitmachen. Daneben gibt es Zusammenstellungen mit Pferden gleicher Rasse und/oder gleicher Farbe beziehungsweise mit Tieren desselben Geschlechts. So bekommt man beispielsweise auf den großen Hengstparaden staatlicher Gestüte reine Hengstquadrillen zu sehen. Beim Paarreiten sollten die beiden Pferde möglichst zusammenpassen, sich also vom Aussehen und vom Bewegungsablauf her weit-

gehend gleichen. Ansonsten können auch andere Zusammenstellungen ein interessantes Bild ergeben: Formationen, an den Groß- und Kleinpferde beteiligt sind, Rassen mit Kontrastfarben wie etwa Rappen und Schimmel oder „Generationenformationen" mit erwachsenen Reitern und deren jugendlichem Nachwuchs auf passenden Pferden.

Attraktiv sind auch Ritte im Damensattel, die ausschließlich mit dieser Ausrüstung von Reiterinnen mit der entsprechenden Ausbildung und spezieller Reitkleidung durchgeführt werden. Hier sind ebenfalls gemischte Formationen möglich, bei denen ein Teil der Pferde und Reiter in üblicher Ausrüstung antritt und ein anderer Teil im Damensattel mit entsprechender Ausstaffierung. Eine solche Kombination eignet sich insbesondere für Mädchen-Jungen- beziehungsweise Damen-Herren-Quadrillen. Die Ausrüstung sollte ansonsten der Formation entsprechend so weit wie möglich einheitlich sein. Dabei ist es nicht so sehr von Bedeutung, ob man in normalen Reithosen oder in historischen Kostümen reitet;

wichtiger ist ein harmonisches Gesamtbild.

 **Die reiterliche Basis**

Die Vorführungen von Dressurformationen basieren auf den Hufschlagfiguren und anderen Lektionen, die man teilweise schon bei der reiterlichen Grundausbildung lernt und später erweitert. Man reitet – meist in allen Grundgangarten – gerade und gebogene Linien wie Ganze Bahn, Halbe Bahn, Volten, Kehrtvolten oder Zirkel, im Grunde also nicht anders als in der normalen Reitstunde. Der Unterschied besteht darin, dass die Reiter all diese Figuren paarweise ausführen – und zwar spiegelbildlich. Das heißt, dass sich die aufgestellten Paare an den Bahnpunkten oder in der Mitte der Bahn trennen und die eine Reihe auf der linken Hand, die andere auf der rechten Hand weiterreitet – zeitweise auch zu zweit, zu viert oder sogar zu noch mehreren nebeneinander. Bei manchen Bahnwechseln fädeln sich die Reiter einzeln durch die andere Reihe. An den Wechselpunkten oder an anderen Stellen finden die Paare wieder zusammen – um sich gleich darauf erneut zu

trennen. Die ganze Aufführung soll flüssig und in einem einheitlichen Takt erfolgen, die getrennten Paare sollten sich in der Reitbahn jeweils so weit wie möglich auf gleicher Höhe befinden.

Die Springformation folgt dem gleichen Prinzip wie eine Dressurquadrille, nur dass hier eben keine oder kaum Hufschlagfiguren geritten, sondern in erster Linie Hindernisse überwunden werden. Diese können neben- und hintereinander aufgebaut sein, versetzt oder zum Beispiel in Kreuzform in der Bahn platziert sein. Sie werden meist mehrmals übersprungen – einzeln, paarweise

Ponyspring-quadrille bei einem Pferdefest

oder auch in Viererreihen; zwischen den Hürden wird getrabt oder galoppiert. Springquadrillen dauern in der Regel kürzer als die Dressurquadrillen.

Die Figuren und die Musik

Für jede Quadrille muss man als Erstes eine so genannte Choreografie erstellen, also die Gestaltung der Formation festlegen. Dazu gehört vor allem die Anzahl der einzelnen Figuren beziehungsweise Sprünge, ihre Abfolge und eventuelle Wiederholung sowie die Gesamtdauer der Vorstellung. Meist überlässt man diese Grundlagenarbeit dem Reitlehrer oder einem anderen erfahrenen Reiter. Der Choreograf muss nämlich wissen, was er den Quadrillereitern zutrauen kann. Die Aufgabe darf nur so lange dauern und nur so anspruchsvoll sein, dass sie für den „schwächsten" Reiter beziehungsweise das „schwächste" Pferd problemlos zu bewältigen ist! Einfache Quadrillen dauern etwa zwischen fünf Minuten und einer Viertelstunde, danach lässt die Konzentrationsfähigkeit der Reiter und Pferde – und auch mancher Zuschauer – meist merklich nach.

Für die musikalische Begleitung werden in der Regel Musikkonserven verwendet, also Schallplatten, Tonbänder, Kassetten oder CDs. Oft ist es sinnvoll ausgewählte Stücke selbst auf ein Tonband oder eine Kassette aufzunehmen. Eine Original-Kapelle ist meist sehr teuer und häufig ist in der Reitbahn auch kein Platz für eine Musikgruppe vorhanden.

Musik und Rhythmus der Gangarten müssen so aufeinander abgestimmt sein, dass sie sich nicht gegenseitig stören, sondern ergänzen. Fürs Formationsreiten werden vorwiegend – aber nicht ausschließlich – Märsche ausgewählt, doch es gibt auch viele andere Musikstücke, die sich für das Musikreiten eignen. Am besten versucht man Fachleute wie etwa Musiklehrer zur Mitarbeit zu bewegen, damit alles wirklich stimmig wird.

Wichtig: die Leitung

Formationsreiten macht viel Spaß, erfordert aber auch eine gründliche Vorbereitung – und ein gutes Gedächtnis.

Jeder Reiter muss sich die einzelnen Figuren und den gesamten Ablauf der Aufgabe merken. Nur allzu leicht kann ein Chaos entstehen, etwa weil jemand zu früh oder zu spät abwendet oder in der falschen Gangart reitet.

Deshalb ist es gut, wenn die Reiter die Formation unter Aufsicht eines Leiters oder einer Leiterin einstudieren, der oder die selbst nicht an der Vorführung beteiligt ist. Beim Paar- und Dreierreiten mag man noch ohne einen „Leader" auskommen. Doch gerade größere Gruppen tun gut daran, jemanden als Leiter zu wählen, der sich dann auch bei der Vorführung zu Fuß oder zu Pferd am Rand der Arena aufhält und von dort aus die Kommandos gibt. Häufig wird das diejenige Person sein, die zuvor auch die Choreografie erstellt hat.

Für kleine Formationen mit sehr schwierigen Aufgaben und in jedem Fall für Formationsanfänger ist es ebenfalls günstig einen Leiter oder eine Leiterin zu haben.

Karussells und Rossballette

Fürsten und Könige früherer Jahrhunderte liebten es, Reiterspiele in Quadrillenform aufführen zu lassen, bei denen sich Reiter und Pferde in prachtvoller Ausstattung präsentierten. Diese Vorführungen, die auf die früheren Ritterspiele zurückgingen, bezeichnete man als Karussells oder Rossballette. Ihr Ruf reichte manchmal weit über die Landesgrenzen hinaus.

Über einige dieser Prunkaufführungen gibt es schriftliche Überlieferungen. So wurde ein Karussell weltberühmt, das im Jahr 1662 von Ludwig XIV., dem „Sonnenkönig", in Paris veranstaltet wurde. Es wurde von französischen Adligen bestritten, die als Römer, Perser, Türken, Inder und Amerikaner zu Pferd auftraten.

Noch vollkommener soll das Rossballett gewesen sein, das anlässlich der Hochzeit von Kaiser Leopold I. mit der spanischen Thronfolgerin Margaretha Theresia am 14. Januar 1667 in der Kaiserburg zu Wien abgehalten wurde.

In Dresden wurde 1709 ein aufwändiges Karussell aufgeführt, als der dänische und der polnische König zu Besuch kamen. In München fand 1772 ein „kostbares Karusel" statt und im Jahr 1750 veranstaltete Friedrich II. der Große im Lustgarten in Berlin ein glanzvolles Karussell mit fürstlicher Besetzung zu Ehren der Markgräfin von Bayreuth.

Formationen machten den Leuten also schon vor hunderten von Jahren Spaß!

*Dieses Dreierteam
zeigt die Pyramide,
eine relativ einfache
Voltigierübung*

Voltigieren –
Turnen auf dem Pferd

Voltigieren – das bedeutet so viel wie „Turnen am und auf dem Pferd". Die Voltige war bereits bei den Römern bekannt und diente damals dem Training der berittenen Einheiten. Später wurde auch in anderen Ländern voltigiert – und zwar bei der Kavallerie, also bei den Reiterheeren des Militärs. Voltigierkünste wurden und werden bis heute außerdem noch im Zirkus gezeigt. Das Voltigieren hat sich aber auch als zivile Sportart durchgesetzt. 1928 war diese Disziplin sogar bei den Olympischen Spielen vertreten. Heute voltigieren

überwiegend Kinder und Jugendliche – die Mehrzahl in Spielgruppen ohne Turnierabsichten, in denen man einfach nur Spaß an diesem besonderen Pferdesport hat. Solche Gruppen können dennoch untereinander einfache Wettbewerbe austragen, zum Beispiel auch im Rahmen eines Reiterspieletages.

Das Voltigieren wird aber weiterhin auch als nationaler Leistungssport betrieben. Die Regeln hierfür werden von der Deutschen Reiterlichen Vereinigung beziehungsweise von den entsprechenden Verbänden in Österreich und in der Schweiz festgelegt. Um am Sport in höheren Leistungsklassen teilnehmen zu können müssen die Voltigierer eine Prüfung ablegen. Wenn sie diese bestehen, erhalten sie das Voltigierabzeichen der entsprechenden Klasse. Es gibt auch Spielgruppen-Wettbewerbe mit offizieller Bewertung. Neben den Gruppenvoltigierern treten auch Einzelvoltigierer gegeneinander an und es werden Prüfungen ohne Leistungsklasse für Doppel- oder Synchronvoltigierer abgehalten. Die erste Weltmeisterschaft im Gruppen- und im Einzelvoltigieren

wurde übrigens 1986 in der Schweiz ausgetragen.

Für viele Kinder ist die Voltige der Einstieg in die Reiterlaufbahn, doch manche Voltigierer bleiben ihrer Disziplin bis zum Erwachsenenalter treu. Voltigierer mit und ohne Turniererfahrung treten oft auch auf großen Turnieren oder in Shows als „Pauseneinlage" auf. Auf diese Weise wurde das Voltigieren in den letzten Jahrzehnten überhaupt erst einem größeren Publikum bekannt, noch bevor es große Meisterschaften gab.

 **Gelenkigkeit ist gefragt**

Voltigiert wird normalerweise auf einem galoppierenden Pferd; unter Anfängern lässt man das Pferd meist im Schritt gehen. Der Trab eignet sich nicht für die Voltige, denn dabei wird man oft hart „geworfen" – jeder Reiter kann ein Lied davon singen, wie schwer es auf den meisten Pferden ist den Trab auszusitzen. Das Voltigierpferd läuft auf einer Kreislinie mit einem Durchmesser von 13 Metern. Im Zentrum des Kreises steht der Longenführer.

Die Voltigierer laufen einzeln zum Pferd, passen sich dem Takt seiner Bewegungen an und springen dann mit Hilfe eines breiten Ledergurts mit Haltegriffen, des so genannten Voltigiergurts, auf den Rücken des Pferdes.

Es gibt hunderte von Übungen, die einzeln, zu zweit oder zu dritt ausgeführt werden und immer wieder werden von Fachleuten neue Figuren hinzuerfunden. Relativ einfache Einzelübungen sind beispielsweise Knien und Liegehang, Kanone und Pistole, Halsfahne und Prinzensitz. Zu den häufigen Partnerübungen gehören Doppelsitzen, Sitzen-Knien rückwärts, Pistole doppelt, Prinzensitz doppelt, Doppelfahne und Pyramide oder Fahne und Standwaage. Unterschiedlich sind auch die Auf- und Abgänge, wie man das Hinaufkommen auf das Voltigierpferd beziehungsweise den Absprung von ihm nennt. So gibt es als Abgänge den Strecksprung, die Wende vom Hals und den Bocksprung über die Kruppe. Mehrere Kürübungen verknüpft man mit so genannten Verbindungsteilen, sodass man das Pferd zwischen den einzelnen Übungen nicht zu verlassen braucht.

Für den Gruppenwettkampf ist ein Pflichtteil vorgeschrieben, der aus den Figuren Grundsitz, Stehen, Fahne, Flanke, Mühle und Schere besteht; die Kür setzt sich aus Einzel- und Kombinationsfiguren zusammen. Spätestens wenn man volljährig ist, darf man nur noch als Einzelvoltigierer in den Wettbewerb gehen. Diese Regel wurde aufgestellt, damit die Gewichtsbelastung für die Pferde nicht zu groß wird. Aber auch im spielerischen Bereich sollten Voltigierer

Die Flanke gehört zu den so genannten Pflichtübungen

auf die Mitwirkung in einer Gruppe verzichten, wenn sie zu groß und zu schwer dafür geworden sind. Übrigens kann man den praktischen Teil der Prüfung für das Kleine Hufeisen (siehe Seite 31) auch im Voltigieren ablegen. Hier muss man beim Zäumen und Gurten mithelfen, Hilfestellung zum Aufsitzen geben und zeigen, dass man im Takt mit dem Trab und dem Galopp des Pferdes mithält. Und natürlich müssen die Prüflinge auch aufs Pferd und dort eine Kürübung und vier Pflichtübungen aus dem Grundprogramm vormachen – entweder im Schritt oder im Galopp. Im theoretischen Teil werden außer dem allgemeinen Grundwissen spezielle Kenntnisse über Pflicht- und Kür-Voltigierübungen abgefragt.

Das Voltigierpferd

Vor lauter Begeisterung über die Voltigierer mit ihren oft artistischen Leistungen vergisst man leicht die Voltigierpferde – dabei sind sie besonderen Beanspruchungen ausgesetzt! Von einem Voltigierpferd wird verlangt, dass es bis zu 15 Minuten lang ununterbrochen schwungvoll und gleichmäßig galoppiert – und zwar immer nur in eine Richtung, nämlich auf der linken Hand. Das führt zu einer sehr einseitigen Belastung. Gleichzeitig muss das Pferd das Gewicht der Voltigierer, ihre Aufsprünge und wechselnden Bewegungen auf seinem Rücken ausbalancieren können.

Außerdem darf ein Voltigierpferd weder zu behäbig noch zu temperamentvoll sein, damit es einerseits fleißig galoppiert, andererseits aber die Voltigierer nicht in Gefahr bringt. Voltigierpferde müssen regelmäßig von guten Reitern so geritten werden, dass ein Ausgleich zu den einseitigen Belastungen geschaffen wird. Sehr geübte Voltigierpferde galoppieren übrigens auf dem vorgeschriebenen Zirkel ohne von einer Longe geführt zu werden!

*Zwei begeisterte
Schwimmer beim
sommerlichen
Badevergnügen*

Sommervergnügen und Winterspaß

Im Sommer macht es Pferden und Reitern Spaß ab und zu gemeinsam baden zu gehen – vorausgesetzt, sie sind richtig darauf vorbereitet.

Das Baden beginnt eigentlich schon damit, dass man sein Pferd in ein flaches Gewässer oder auch in eine Schwemme hineinwaten lässt, damit es sich dort die Beine kühlen kann. Als Schwemme bezeichnet man einen Teich oder Bach innerhalb einer Koppel beziehungsweise eines Auslaufs. Das Gewässer muss so angelegt sein, dass die Pferde daraus trinken und auch ein Bad darin nehmen können.

Auf manchen Höfen gibt es in Stallnähe flache, gemauerte Vertiefungen, in denen die Pferde sich beim Durchlaufen erfrischen können. Auf den restlichen Körper – und auf die Reiter! – wirkt sich an heißen Tagen auch die abstrahlende Kühle des nassen Elements angenehm aus.

Nicht jedes Pferd geht jedoch gern und freiwillig ins Wasser. Manche Vierbeiner vermeiden es schon tunlichst auch nur durch eine Pfütze zu marschieren. Besonders Pferde, die aus wasserarmen Gebieten stammen, haben oft eine große Scheu vor Wasserläufen und

101

Seen. Oft liegt es aber auch am Reiter, wenn ein Tier nicht ins Nasse gehen will. Wenn dieser etwa mit einem nicht an Wasser gewöhnten und vor allem mit einem jungen Pferd ungekonnt über einen Wasserlauf springt und dabei mitten hineinplatscht, muss er sich nicht darüber wundern, dass der Vierbeiner danach wasserscheu ist. Ängstliche Pferde müssen mit Geduld damit vertraut gemacht werden ins Wasser zu gehen. Erfahrungsgemäß gelingt dies am besten, indem man sie hinter routinierten Artgenossen hergehen lässt. Meist ist der Herdentrieb gerade bei unsicheren Pferden stärker als die Angst vor dem Wasser und das Vorbild des wassergewohnten Kollegen gibt ihnen zusätzlich Mut.

Ängstliche Pferde kann man ans Wasser gewöhnen, indem man sie hinter erfahrenen Artgenossen hergehen lässt

Mit Vorsicht ins Wasser

Wasserläufe sollten nur an abgeflachten Stellen betreten und verlassen werden. Lediglich speziell ausgebildete Pferde, die zum Beispiel für Vielseitigkeitsprüfungen trainiert werden, kann man unbeschadet über steilere Böschungen und hohe Kanten in ein Gewässer hineinspringen lassen. Ebenso vermeidet man zum Beispiel Flüsse mit starker Strömung oder Durchgänge in der Nähe von Wehren. *Achtung!* Man darf nie in ein Gewässer hineinreiten, das man nicht kennt, das bereits als unsicher beschrieben wurde oder dessen Grund nicht fest ist! So eignen sich etwa viele Moorseen nicht zum Durchreiten, da ihr Boden durch Ablagerungen weich ist, sodass das Pferd tief einsinken würde und nicht mehr vorwärts käme. Wer einen etwas tieferen Wasserlauf durchreitet, sollte möglichst wenig stehen bleiben. Viele Pferde nutzen die Gelegenheit nur allzu gern um ein Vollbad zu nehmen. Spätestens wenn das Pferd beginnt mit einem

Vorderbein ins Wasser zu schlagen, sollte man es schleunigst vorwärts reiten. Es ist dann nämlich meist im Begriff „abzutauchen" – samt Sattel und Reiter. Viele Pferde legen sich an heißen Tagen gern ins Wasser um den ganzen Körper abzukühlen.

 **Schwimm-vergnügen**

Ein besonderes Vergnügen ist nicht nur für uns Menschen, sondern auch für viele Pferde das Schwimmen. Pferde können von Natur aus schwimmen, die Fähigkeit dazu ist ihnen angeboren. Wenn Mutterstuten ins Wasser gehen, folgen ihnen ihre Fohlen meist ohne Zögern. Sie brauchen die Schwimmbewegungen nicht erst zu lernen. So schwimmen in manchen Wildgestüten ganze Herden von einer Insel zur anderen – aus eigenem Antrieb ebenso wie beispielsweise beim Auftrieb zum Junghengstefang, der in solchen Freilandhaltungen jährlich durchgeführt wird. Beim Schwimmen bewegen sich die Pferde in der Fußfolge des Trabs und tauchen bis zum

Kinn ins Wasser. Nur der Kopf bleibt über der Wasseroberfläche, damit das Pferd sich orientieren kann und kein Wasser in die Ohren dringt.

Zum Schwimmen zieht man sich im Gegensatz zum sonstigen Reiten ausnahmsweise einen Badeanzug beziehungsweise eine Badehose an und lässt den meist wasserempfindlichen Sattel und den Reitzaum weg, sofern das Pferd halfterführig ist. Ein nasser Sattel samt Sattelgurt auf dem nassen Pferdefell führt auch leicht zu Scheuerstellen und Satteldrücken. Wenn man sein Pferd nicht sowieso bereits zu Fuß ins Wasser führt, gleitet man seitlich vom Pferderücken, sobald der Vierbeiner den Boden unter den Füßen verliert und die ersten Schwimmbewegungen macht. Bleibt der Reiter auf dem Pferd sitzen, so besteht die Gefahr, dass dieses sich nicht ausbalancieren kann und „Schlagseite" bekommt – was für Tier und Mensch gleichermaßen gefährlich ist. So kann der Gleichgewichtssinn des Pferdes stark eingeschränkt werden, wenn Wasser in die Ohren des Tieres gelangt. Außerdem besteht die Gefahr, dass der Reiter von den Hufen des Pferdes getroffen wird, und im schlimmsten Fall können beide durch Panik in größte Überlebensnöte kommen. Neben dem Pferd kann man sich im Wasser in der Mähne, an einem Halsriemen oder am Führstrick des Halfters festhalten und sich mitziehen lassen, aber auch frei neben seinem Pferd herschwimmen, wenn man sicher ist, dass es nicht eigene Wege einschlägt.

Es ist wichtig sich niemals zu weit vom Ufer zu entfernen, damit man rechtzeitig wieder aus dem Wasser kommt! Untrainierte Pferde sollte man nicht länger als fünf oder höchstens zehn Minuten baden lassen, denn das Schwimmen fordert wie beim Menschen den ganzen Organismus. Die meisten Pferde streben von sich aus das Ufer an, wenn sie nicht mehr weiterschwimmen möchten. Beim Herausgehen ist besondere Vorsicht geboten, damit man ja nicht unter die Pferdehufe gerät. Und mit Sicherheit bekommt man nachträglich noch eine Dusche ab, denn die Pferde schütteln sich an Land unter kräftigem Prusten und Schnauben das Wasser aus dem Fell!

Da man das Pferd ja nur an heißen Tagen schwimmen lässt, braucht man es nach dem Badevergnügen nicht unbedingt abzutrocknen, sondern kann es auf die Weide oder in den Auslauf führen.

Das Schwimmen ist übrigens auch ein gutes Konditionstraining – nicht nur für Sportpferde. Es ist zum Beispiel seit längerem Bestandteil des Trainings von Renn- und Sportpferden. Und auch zu Therapiezwecken wird das Schwimmen eingesetzt – etwa um Stress bei nervösen Pferden abzubauen. Wenn ein Pferd nach einer Bein- oder Hufverletzung ohne Gewichtsbelastung trainiert werden soll, kommt Schwimmen ebenfalls in Frage. Für solche Anwendungen geht man mit den Pferden aber nicht in freie Gewässer, sondern trainiert sie in der Regel in großen Spezialbecken, in denen die Wassertiefe reguliert werden kann.

 ## Auf Kufen hinter dem Pferd

Auch in der kalten Jahreszeit braucht man auf Spaß mit dem Pferd nicht zu verzichten. Ausritte bei Frost und Schnee haben durchaus ihre Reize, aber der Winter bietet sich noch zu anderen Vergnügen an: Wenn genug Schnee liegt, kann man sich auch mal per Schlitten vom Pferd befördern lassen. Dazu braucht man nicht unbedingt einen großen, teuren Pferdeschlitten, wie ihn mancher Fahrliebhaber in der Remise stehen hat. Man kann sich auch auf einem ganz normalen Rodelschlitten vom Pferd ziehen lassen – doch dabei muss man ein paar wichtige Dinge beachten.

Mit dem Rodelschlitten durch den Schnee – das macht Spaß!

Das Zugpferd

Zunächst einmal muss das Pferd bereits daran gewöhnt sein im Geschirr zu gehen, es muss also eingefahren sein.
Beim sachgerechten Einfahren wird das Pferd zunächst mit dem Geschirr vertraut gemacht – ähnlich wie ein junges Reitpferd mit dem Sattel- und Zaumzeug. Außerdem gehören das Longieren (siehe auch Seite 24) und die Arbeit an der Doppellonge zur Ausbildung des Fahrpferdes. Häufig wird als Erstes mit einer so genannten Schleppe in der

Bahn trainiert, zum Beispiel mit einem Autoreifen oder einem starken Balken, den das Pferd im Sand hinter sich herzieht. So gewöhnt es sich an das Zuggewicht und daran, dass sich hinter ihm etwas befindet, das es – wenn überhaupt – nur schemenhaft wahrnehmen kann. Ganz wichtig ist dabei die beruhigende oder aufmunternde Stimme des Ausbilders. Später wird der „Lehrling" neben einem erfahrenen Pferd, einem so genannten Lehrmeister, vor den Wagen gespannt. Anfangs lässt man es den Wagen nur im Schritt auf ebenen, verkehrsarmen Wegen ziehen. Wenn sich das junge Pferd dabei willig und ruhig verhält, kann man es auch traben lassen.

105

Allmählich übt man dann auf Straßen mit dichterem Verkehr – die Verkehrssicherheit steht bei Zugpferden heute an oberster Stelle.

Die Ausrüstung

Damit man ein Pferd einspannen kann, braucht man ein Geschirr. So nennt man das Lederzeug mit den Strängen – Seilen oder Riemen –, mit denen das Pferd direkt mit dem Zuggefährt verbunden wird. Zum Ziehen eines Schlittens benutzt man ein leichtes Sielen- oder Brustblattgeschirr, das aus einem Brustblatt mit Halsriemen und einem Bauchgurt, dem so genannten Kammdeckel oder der Selette, besteht. Das gewichtigere Kumtgeschirr verwendet man nur für schwerere Gefährte. Als Zäumung trägt das Pferd meist eine spezielle Fahrtrense oder eine Fahrkandare. Die langen Fahrzügel bezeichnet man als Leinen.

Schlittenfahren mal anders

Eingefahrene Pferde können ohne weiteres auch vor einen kleinen Schlitten gespannt werden. Dabei muss man jedoch daran denken, dass Rodelschlitten im Gegensatz zu größeren Schlitten oder Wagen keine Bremse haben. Man muss also unbedingt darauf achten, dass man dem Pferd nicht an oder zwischen die Beine rutscht! Der Abstand zwischen Pferd und Schlitten sollte mindestens eine Pferdelänge betragen. Manche Pferde müssen sich auch erst daran gewöhnen, dass das Zuggefährt anders als ein Wagen mit Rädern kaum hörbar hinter ihnen hergleitet.

Anfangs sollte das Pferd aus Sicherheitsgründen geführt werden, während ein „Fahrgast" auf dem Schlitten hockt.

Geübte Schlittenpferde können ohne weiteres auch zwei Schlitten ziehen, die man hintereinander hängt, oder man kann sich zu zweit auf einen Schlitten setzen. Es gibt allerdings eine wichtige Einschränkung: Rodelschlitten-Gespanne hinter dem Pferd sind auf öffentlichen Straßen nicht zugelassen – man muss also auf privaten Grundstücken bleiben. Dem winterlichen Spaß tut das jedoch keinen Abbruch!

Skijöring

Skijöring, auch Skikjöring oder Schijöring geschrieben, kommt aus Norwegen. Dabei lässt sich ein Skiläufer von einem Pferd ziehen, das in der Regel von einem Reiter gelenkt wird. Gelegentlich nimmt man heute auch Motorräder anstelle von einem PS.

Kutsch- und Schlittenpferde, die mindestens auch eine Grundausbildung unter dem Sattel haben, eignen sich am besten dazu – oder umgekehrt natürlich Reitpferde, die auch eingefahren sind. Das Pferd sollte einen speziellen Winterbeschlag an den Hufen haben, also Eisen mit Gummieinlagen oder Ähnliches, oder ganz ohne Eisen barfuß laufen. Es muss geländeerfahren und bereits mit Schnee vertraut sein. Außer dem Sattel und dem Zaumzeug bekommt es ein Brustgeschirr angelegt, an dem die Zugleinen befestigt werden. Sie sind meist um die 8 bis 15 Meter lang.

Als Reiter muss man sich mit dem Skifahrer absprechen, welche Zeichen man rechtzeitig vor Richtungsänderungen oder Stopps und in kritischen Situationen, zum Beispiel bei plötzlichen Unebenheiten des Bodens, gibt. Unterwegs muss der Reiter besonders darauf achten die Kurven richtig auszureiten, damit der Skifahrer gut folgen kann. Der Skifahrer sollte einigermaßen sicher auf den Brettern stehen und auf der Hut sein, damit er dem Pferd nicht zwischen die Beine fährt. Insbesondere ist darauf zu achten, dass beide Leinen immer gleich lang sind, denn sonst rutscht das Geschirr auf die Seite. Man darf sich niemals die Leinen um die Hände wickeln! Dann kann man nämlich nicht loslassen, wenn man hinfällt, und wird mitgeschleift.

Skijöring ist eine erfrischende Abwechslung in den Wintermonaten. Es wird mancherorts auch als Rennen veranstaltet. Eine etwas waghalsige Variante ohne Reiter wird alljährlich in St. Moritz in der Schweiz vorgeführt. Dabei steuert der Skiläufer sein Pferd selbst.

Die Organisation von Reiterspielen

Wer mehrmals an Reiterspielen teilgenommen hat, bekommt vielleicht Lust selber einen Spieletag zu organisieren. Man kann sich dazu einen beliebigen Samstag- oder Sonntagnachmittag beziehungsweise einen Feiertag aussuchen, aber auch einen bestimmten Anlass, etwa den eigenen Geburtstag oder ein anderes Jubiläum. Während der Woche bleibt allerdings meist keine Zeit und es eignet sich auch nicht jedes Wochenende dafür. Als Erstes muss man sich jedoch überlegen, wo sich ein solches Vorhaben überhaupt durchführen lässt. Ist eine ordentliche Reitbahn mit fester Umgrenzung vorhanden? Wenn sie überdacht ist, ist man von der Witterung unabhängig – allerdings machen Spiele bei trockenem Wetter im Freien meist mehr Spaß. An Geländespiele sollte man erst dann herangehen, wenn man bereits Übung mit Platzspielen hat. Rallyes erfordern wesentlich mehr Aufwand, sind schwieriger zu organisieren und natürlich muss ein geeignetes Gelände vorhanden sein.

Nur gemeinsam geht's

In jedem Fall muss man sich eines gleich zu Anfang klarmachen: Von einer Person allein lässt sich ein solcher Spielenachmittag nicht ausrichten! Die Organisation funktioniert nur im Teamwork. Die ersten Überlegungen kann man noch allein anstellen: Welche Reiter kennt man, die als Teilnehmer in Frage kommen? Und welche Leute könnten als Helfer mitwirken? Um überhaupt einmal Erfahrungen zu sammeln sollte man die ersten Veranstaltungen nur intern im heimatlichen Reitstall durchführen – egal, ob es sich um eine lose Reitergemeinschaft oder um einen Verein handelt. Falls die Stallgemeinschaft sehr klein ist, kann man allenfalls noch gut bekannte Reiterkameraden aus der Nachbarschaft mit einbeziehen.
Die Anzahl der späteren Teilnehmer sollte überschaubar bleiben; außerdem wird die Organisation wesentlich aufwändiger, wenn man auch fremde Teilnehmer einlädt.

Wenn man davon überzeugt ist, dass die Grundvoraussetzungen erfüllt sind, sollte man erst einmal ein paar befreundete Reiterkollegen informieren. Von Einwänden braucht man sich nicht gleich abschrecken zu lassen.
Wenn die grundsätzliche Frage geklärt ist, ob überhaupt jemand mitmacht, ist die erste Hürde genommen. Dann beginnt die Kleinarbeit.

Zunächst setzt man sich zu einer ersten Beratung zusammen um zum Beispiel zu überlegen, wer als (Mit-)Veranstalter in Frage kommt. Für Jugendliche ist es meist leichter, wenn ein verständiger Erwachsener – oder mehrere – die offizielle Leitung übernimmt. Diese Person überlässt die eigentliche Organisation in der Regel dann ohnehin denjenigen, die die Idee für die Veranstaltung hatten, und greift nur bei Bedarf ein. Bei der nächsten Sitzung kann dann jeder Beteiligte eigene Vorschläge einbringen, die er sich inzwischen ausgedacht hat. Hier überlegt man schon konkret, was man im Einzelnen gern machen würde und ob es auch realisierbar ist.

Die wichtigsten Fragen

Zunächst sollte man aber klären, wo die Spiele stattfinden sollen – das heißt, auf welchem Platz beziehungsweise in welchem Gelände. Dann kann man darüber diskutieren, wann man den Spieletag abhalten will. Ungünstig sind beispielsweise Wochenenden zu Ferienbeginn oder Tage, an denen in der näheren Umgebung größere Feste oder Veranstaltungen geplant sind – vor allem, wenn diese ebenfalls mit Pferden zu tun haben. Der Termin darf nicht zu früh gewählt werden, damit man rechtzeitig mit den Vorbereitungen fertig wird und damit den späteren Teilnehmern genügend Zeit für das Training bleibt. Zwischen der Bekanntgabe und der Veranstaltung sollten deshalb mindestens zwei bis vier Wochen liegen. Und schließlich muss man sich noch darüber einigen, zu welcher Uhrzeit die Veranstaltung beginnen soll und welche Reiter überhaupt eingeladen werden sollen. Das Kernstück sind natürlich die Spiele selbst. Dabei

ist es wichtig nicht zu viele Spiele zu planen. Man rechnet so genau wie möglich aus, wie lange man für einen Durchgang braucht. Dann müssen auch die Zeiten für Umbauten und so weiter eingerechnet werden. Damit für Abwechslung gesorgt ist, wählt man keine sehr ähnlichen Spiele aus – sonst kommt leicht Langeweile auf. Ebenso wichtig ist es, einen Zeitplan zu erstellen, in dem der Beginn der einzelnen Spiele, eventuelle Showeinlagen und größere Pausen festgehalten sind.

Bei allen Besprechungen sollte schriftlich festgehalten werden, was jeweils vereinbart wurde. Damit erspart man sich spätere Unsicherheiten und Missverständnisse. Und nicht zuletzt muss ausgemacht werden, wer für welche Vorbereitungen und Aufgaben während des Spielenachmittags zuständig ist. Wenn nicht alles genau geklärt wird, kann es zu unnötigen Verzögerungen und Ärgernissen kommen.

Die Helfercrew

Freiwillige Mitarbeiter braucht man unter anderem

für die Meldestelle, an der zum Beispiel die Meldeliste geführt wird und die Kopfnummern für die Teilnehmer ausgegeben werden. Außerdem benötigt man einen Helfer mit klarer Ausdrucksweise und einem guten Überblick über die Spiele, der per Megafon oder Mikrofon die Ansage übernimmt. Weitere Helfer sind für den Bahndienst, für die Eintrittskasse und für eine eventuelle Bewirtung zuständig. Im Gelände sind in jedem Fall Streckenposten erforderlich. Außerdem schadet es nicht, wenn sich ein oder zwei Leute bereithalten um sich bei Bedarf um besondere Probleme der Teilnehmer und/oder um deren Pferde zu kümmern. Und nicht zuletzt braucht man Personen, die in der Lage sind als Richter den Spielablauf zu bewerten beziehungsweise nach einem vorgegebenen Schema Punkte zu verteilen. Schön ist es, wenn sich auch noch jemand findet, der den Spielablauf und das Geschehen am Rande mit dem Fotoapparat und/oder einer Videokamera festhält. So kann man später Fotos an die einzelnen Teilnehmer verteilen oder vielleicht sogar einen Filmabend ver-

anstalten beziehungsweise Videokassetten zum Selbstkostenpreis abgeben.

Als Helfer hat man übrigens meist keine Zeit selbst an den Reiterspielen teilzunehmen. Dass jeder, der seine Mitarbeit zusagt, seinen Posten auch tatsächlich verlässlich einnimmt, sollte selbstverständlich sein.

Ob man einen Tierarzt, den Hufschmied sowie Sanitäter vom Roten Kreuz oder einer anderen Hilfsorganisation anspricht, damit sie auf dem Platz anwesend sind, muss im Einzelfall entschieden werden. Auf jeden Fall sollte man wissen, wo man solche Fachleute im Notfall schnell erreicht. Wenn sie sich die ganze Zeit bereithalten, erhalten sie in der Regel eine pauschale Vergütung, die

Helfer sind bei Reiterspielen sehr gefragt

man schon vor dem Spiele-
tag mit ihnen absprechen
sollte.

Vorbereitung
mit System

Wenn Ort, Termin, Spiel-
plan und Helfercrew fest-
stehen, werden als Nächstes
die Vereins- oder Stallmit-
glieder und andere in Frage
kommende Reiter infor-
miert. Am besten macht
man einen gut leserlichen
und übersichtlichen Aus-
hang am schwarzen Brett
und/oder verschickt einen
Rundbrief oder Handzettel
mit der Einladung. Wichtig:
Darauf muss vermerkt sein,
bis wann sich die Teilnehmer spätestens anmelden
müssen. Dieser so genannte
Nennungsschluss sollte
etwa eine Woche vor dem
Spieletag liegen. Eventuell
muss man die Zahl der Teilnehmer begrenzen, damit
die einzelnen Spiele nicht
übermäßig lange dauern.
Nicht zuletzt beschafft man
rechtzeitig genug Preise für
die Gewinner. Wenn die
Anzahl der Teilnehmer
nicht sehr hoch ist, sollte
jeder von ihnen eine Klei-
nigkeit als Andenken be-
kommen. Auf teure Pokale,
die keinen praktischen Wert

haben, kann man in jedem
Fall verzichten. Sinnvoller
sind Dinge, die man im
Reiteralltag gut gebrauchen
kann, etwa Satteldecken,
Hufkratzer, Fellbürsten,
Futtergutscheine oder auch
Sachbücher. Sponsoren
dafür findet man oft im
eigenen Club, ansonsten
kann man Geschäftsleute in
der Umgebung auf Geld-
oder Sachspenden anspre-
chen. Was da gespendet
wird, sind allerdings
manchmal leider nur La-
denhüter. Mit Geldspenden
kann man mehr anfangen
und zum Beispiel im Reit-
sportfachgeschäft Dinge
besorgen, die wirklich
brauchbar sind.
Nicht verderbliche Uten-
silien, die für die Spiele
gebraucht werden, sollten
eine Woche vor dem großen
Tag komplett und in ein-
wandfreiem Zustand bereitstehen beziehungsweise -lie-
gen. Dazu gehören Hinder-
nisstangen, Tonnen, Eimer,
Fahnen, Löffel, Seile und
so weiter. Im Laufe der Woche kann man dann noch
Hilfsmittel wie Schreib-
zeug, Stoppuhr und Schil-
der besorgen. Außerdem
muss man gegebenenfalls
Futter für Gastpferde und
Getränke und Essen für
Teilnehmer, Zuschauer und

Helfer heranschaffen. Schließlich wird am Tag vor dem großen Ereignis der Platz hergerichtet. Wenn erforderlich, muss man sich um die Unterbringung der Gastpferde kümmern, also Stall beziehungsweise Weiden, Paddocks oder sichere Anbindestellen entsprechend vorbereiten. Man sollte nicht vergessen an den Zufahrten die Hinweisschilder zum Veranstaltungsort und eventuell zum separaten Parkplatz gut sichtbar und sicher anzubringen. Am Morgen des Spieletags muss dann auch das verderbliche Zubehör wie Äpfel oder Eier vorbereitet sein. Anhand einer Checkliste kann man gezielt überprüfen, ob auch nichts vergessen wurde. Jeder Helfer muss natürlich auf seinen Job vorbereitet sein und genau wissen, was er zu tun hat.

Das benötigte Material sollte man rechtzeitig bereitlegen

 **Reiterspiele in der freien Natur**

Für Reiterspiele in der freien Natur muss zunächst einmal ein geeignetes Gelände vorhanden sein. Geeignet heißt als Erstes, dass man dort nicht nur reiten *kann*, sondern auch

darf. Gesperrte Militärbereiche kommen ebenso wenig in Frage wie etwa eine Mülldeponie oder ein Sumpfgebiet. Am besten ist es, wenn man das Gelände von Ausritten her bereits gut kennt. Es sollte möglichst nicht zu weit vom Stallgrundstück entfernt liegen, damit der Anritt zum Startpunkt nicht übermäßig viel Zeit erfordert. Außerdem sollte das Gelände so gefahrlos wie möglich erreichbar sein; wenn man erst eine verkehrsreiche Straße oder viel befahrene Bahngleise überqueren muss, ist es empfehlenswerter die Pferde mit dem Transporter an einen Sammelpunkt zu bringen. Auch wenn man diese Strecke bei Ausritten häufig zurücklegt, sollte man sie den Spieleteilnehmern nicht

zumuten. Denn eine solche Gefahrenquelle erhöht das Risiko, dass irgendjemand zu Schaden kommt. Die Atmosphäre bei einem Suchritt oder bei einer Rallye ist anders als beim alltäglichen Ausritt!

Von der Art des Geländes hängt es ab, welche Spiele veranstaltet werden können. Eine hügelige, waldreiche Gegend bietet andere Möglichkeiten als Flachland mit wenigen Bäumen; wo Gewässer vorhanden sind, kann man diese eventuell in die Spiele mit einbeziehen. Aus der Strecke aussparen sollte man in jedem Fall Steilhänge und Wege, die unmittelbar an einer Autobahn oder an Bahngleisen entlangführen. Auch durch Äcker oder Felder, die eventuell während der Veranstaltung abgeerntet werden, sollte man die Route auf keinen Fall legen.

Sofern nicht der gesamte Bereich zum Stallgelände gehört, gelten außerhalb des privaten Grundstücks auch für Rallyes die Straßenverkehrsordnung (Bundesgesetz) beziehungsweise die Regeln für das Reiten in der freien Natur (Landesgesetze). Insbesondere müssen Reitgebote und -verbote beachtet und bei der

Planung berücksichtigt werden.

Wenn man nicht nur einfache Suchspiele, sondern eine Rallye mit Hindernissen, Verstecken, Meldestopps und so weiter veranstalten möchte, sollte man sich unbedingt rechtzeitig vor der endgültigen Planung und Einladung mit dem zuständigen Förster beziehungsweise mit dem Grundstücks- oder Waldbesitzer in Verbindung setzen! Das kann unter Umständen auch die Gemeinde sein.

Es mussten schon Geländespiele abrupt beendet werden, weil Geländemarkierungen, Posten und andere „Fremdkörper" unerlaubt in die Landschaft gesetzt worden waren und dann auf Weisung des betreffenden Revierinhabers unverzüglich wieder entfernt werden mussten. Damit war die Veranstaltung geplatzt – eine vermeidbare Blamage für die Veranstalter und ein unnötiges Ärgernis für die Teilnehmer, die an einem weiteren Reiterspieletag bei denselben Leuten kaum noch interessiert sein dürften. Insgesamt erfordern Geländespiele von der Organisation her meist wesentlich mehr Aufwand als Spiele

114

auf dem Platz. Zunächst erstellt man einen vorläufigen Geländeplan, in den man den Streckenverlauf beziehungsweise Rundkurs einzeichnet, den man sich vorstellt. Dann reitet man alle Wege mehrfach ab, am besten zu verschiedenen Tageszeiten, bei unterschiedlichem Wetter und mit verschiedenen Mitreitern. Dabei wird überwiegend im Schritt geritten, nur auf den eigens dafür eingeplanten Kurzstrecken trabt oder galoppiert man. So bekommt man gute Durchschnittswerte für die reine Reitzeit und kann sich überlegen, wie viele Haltepunkte mit welchen Aufgabenstellungen eingearbeitet werden können und sollten, damit das Spiel weder zu kurz noch zu lang ausfällt. Erst wenn man diesen zeitlichen Überblick hat, kann man an die eingehende Spielplanung gehen.

Ob man sich schon vorher mit dem Forst- oder Gemeindeamt in Verbindung setzt oder ob man dort den bereits ausgereiften Plan vorlegt, muss man von Fall zu Fall entscheiden. Wie man vorgeht, hängt auch davon ab, ob man bereits Erfahrungen mit den zuständigen Mitarbeitern gemacht hat und wie diese ausgefallen sind. Eine allgemeine Anfrage gleich zu Beginn der Planungen ist sicher nicht verkehrt, wenn man zum ersten Mal eine Rallye ausrichten will. Es ist auch wichtig zu erfahren, ob in dem betreffenden Bereich in nächster Zeit Maßnahmen wie zum Beispiel Wegsperrungen vorgesehen sind, die eine Änderung des Streckenverlaufs erforderlich machen könnten.

Das Material, das man für die Geländespiele benötigt, muss nicht nur rechtzeitig besorgt und bereitgelegt, sondern auch ins Gelände gebracht werden. Zumindest für schwere und sperrige Dinge wie Hindernisteile, Tische und Bänke braucht man unbedingt ein Fahrzeug. Alle wetterfesten und diebstahlsicheren Gegenstände bringt man nach Rücksprache mit dem Grundstücksinhaber spätestens am Tag vor der Rallye an die vorgesehenen Plätze. Ansonsten wird es zeitlich leicht eng, wenn man das gesamte Material erst am Spieletag selbst an Ort und Stelle befördern und dort aufbauen kann. Nur empfindliche und wertvolle Sachen wie Mikrofone, Laut-

115

sprecher und dergleichen sollten die Helfer erst zu Beginn der Spiele zum Einsatzort mitnehmen.

Der Spieletag

Wenn die Vorbereitungen am Vorabend des Spieletags weitgehend abgeschlossen sind, sollte sich das Organisationsteam nochmals zusammensetzen. Die Checkliste, in der sämtliche wichtigen Punkte aufgeführt sind, wird überprüft. Alle erledigten Dinge können abgehakt, noch anstehende Dinge besprochen und geklärt werden.
Am Veranstaltungstag selbst sollte das komplette Team etwa eineinhalb Stunden vor Beginn vor Ort bereitstehen; dann kann man die letzten Fragen klären und eventuell auch noch Hilfe herbeirufen, falls ein Helfer kurzfristig abgesagt

hat oder nicht erschienen ist. Spätestens eine halbe Stunde vor dem offiziellen Start sollten dann alle Helfer mitsamt den jeweiligen Materialien ihre Posten eingenommen haben. Währenddessen werden auch die teilnehmenden Reiter sich selbst und ihre Pferde auf das bevorstehende Ereignis vorbereiten und die ersten Zuschauer werden eintreffen. Allmählich entsteht so eine unverwechselbare, spannungsgeladene Atmosphäre, getragen von Hufgetrappel, Pferdegebrummel, Wiehern und Stimmengewirr, durchsetzt mit dem typischen Pferde- und Stallgeruch und der spürbaren Erwartung aller, die sich auf einen fröhlichen, interessanten und abwechslungsreichen Tag mit den geliebten oder bewunderten Vierbeinern freuen.

Nach den Spielen

Alles ist gut gegangen, kleinere Probleme konnten rasch behoben werden, größere sind gar nicht erst entstanden – einen solchen Verlauf wünscht sich natürlich jedes Team, das Reiterspiele veranstaltet. Teilnehmer und Zuschauer waren

hoffentlich ebenfalls begeistert, auch wenn naturgemäß nicht jeder Reiter einen ersten Platz belegen konnte. Vielleicht wird den Veranstaltern sogar von dem einen oder anderen ein Lob ausgesprochen, doch für sie und einen Teil der Helfer ist der (Arbeits-)Tag nach dem Abschluss der Spiele noch nicht zu Ende. In erster Linie muss natürlich aufgeräumt werden. Markierungen auf dem Platz und/oder im Gelände, Schilder, Platz- und Wegbegrenzungen müssen entfernt und Futterreste weggeräumt werden. Bänke, Tische, Stühle, Hindernisse und so weiter sollten zügig gesäubert und an ihren Verwahrort zurückgebracht beziehungsweise den jeweiligen Besitzern zurückgegeben werden. Und meist liegen auch noch jede Menge Einwickelpapierchen, Flaschen, Dosen und Zigarettenschachteln herum, die von Teilnehmern und Zuschauern achtlos weggeworfen wurden. Besonders gründlich müssen Scherben aufgelesen werden, damit sich weder Menschen noch Tiere daran verletzen können. Unter Umständen ist es auf fremden Plätzen oder Gastkoppeln beziehungsweise im Gelände auch erforderlich den Pferdekot aufzusammeln. Ist endlich alles sauber und das Material wieder an seinem Platz, so gilt es meist noch die Reitbahn zu rechen und die Hoffläche zu kehren. Wenn man die Rechen und Besen dann endlich in die Ecke stellen kann, trifft sich das Veranstalter- und Helferteam gleich zu einer kurzen Besprechung mit „Kassensturz". Dabei wird das eventuell eingenommene Geld gezählt und dem Kassenwart zur Verwahrung übergeben. Eine umfassende Nachbesprechung nimmt man sich besser für einen der darauf folgenden Tage vor, denn für den Spieletag selbst hat eigentlich jeder erst einmal genug geleistet. Außerdem ist es gut, wenn bei dieser Besprechung auch einige der Teilnehmer anwesend sind. So können von jeder Seite nicht nur sachliche Kritikpunkte, sondern auch Verbesserungsvorschläge für die nächste Veranstaltung angebracht werden. Mit einem gemeinsamen Essen oder einem Grillabend kann nicht nur die Schlussbesprechung, sondern auch das gesamte Unternehmen abgerundet werden.

Adressen

Deutsche Reiterliche Vereinigung (FN)
Freiherr-von-Langen-Straße 13
D-48231 Warendorf

Bundesfachverband für Reiten und Fahren
Geiselbergstraße 26
A-1110 Wien

Schweizer Verband für Pferdesport
Blankweg 70, Postfach
CH-3072 Ostermundingen

Arbeitsgemeinschaft Mounted Games
Friedrich Karl Vollmers
Ossenrehm 6
D-21217 Asendorf

IDUNA/NOVA
Abteilung Öffentlichkeitsarbeit
D-20351 Hamburg
(Die Versicherung sponsert Mounted Games in Deutschland. Hier kann man gegen eine Schutzgebühr auch ein Lehr-Video erwerben.)

Erste Westernreiter Union Deutschlands
Wallenbrücker Straße 24
D-49328 Melle

Austrian Western Riding & Breeding Association
Baumeistergasse 14-14-2
A-1160 Wien

Swiss Western Riding Association
Wikinger Ranch
CH-8919 Werd-Rottenschwil

DANKSAGUNG

Die Texte für das Kapitel „Spielturniere:
Mounted Games" wurden weitgehend der Broschüre
„Mounted Games – Reiterspiele" entnommen,
herausgegeben vom Reit- und Fahrverein Nordheide in
D-21266 Jestenburg. Text und Übersetzung
stammen von Herrn Peter Postendorfer. Für die
Abdruckgenehmigung möchte ich Herausgeber und
Übersetzer herzlich danken.

Außerdem gilt mein Dank Frau Heidrun Meier aus
Berumbur, die mich mit ihrer stetigen Hilfsbereitschaft
unterstützte.

Und natürlich möchte ich all den jungen Reitern
und Reiterinnen sowie ihren großen und kleinen Pferden
danken, die sich für Fotoaufnahmen für dieses Buch
zur Verfügung gestellt haben.

Edel Marzinek-Späth

DIE AUTORIN

Edel Marzinek-Späth arbeitet als freie Journalistin
und Buchautorin. Sie war leitende Redakteurin
einer Pferdefachzeitschrift, hat etwa ein Dutzend Bücher
veröffentlicht und zahlreiche Artikel – auch über
Pferde – verfasst. Unter anderem ist sie Autorin
der Pferdesachbücher „Ich lerne reiten", „Ponys" und
„Turniere für junge Reiter" sowie der Lexika
„Pferde A – Z" und „Das große Pferdelexikon A – Z"
(alle im Franz Schneider Verlag erschienen).

Schon seit dem Kindesalter geht die Autorin mit
Pferden um. Ihr eigener Erfahrungsschatz wird durch die
fachkundige Beratung ihres Ehemannes Addi Marzinek
ergänzt, der langjähriger Reiter, Pferdeausbilder und
Hufschmied ist.

SACHREGISTER

Bildnachweis

Archiv EMS: S. 84, 87 (2), 93, 94, 108;

Christian Hertneck: S. 22, 34 (3), 41 unten rechts, 42, 43 (2), 50 oben links und unten links, 58 oben rechts und unten rechts, 59 (2), 60 (2), 64 (3), 65 (3), 67 (2), 111, 113;

Sabine Küpper: S. 105;

Lothar Lenz: S. 91;

Edel Marzinek-Späth: S. 19, 21, 25, 30, 66 (2), 102;

Peter Postendorfer: S. 68, 73, 74, 76, 81;

Gerlinde Schurr: S. 18;

Sorrel: S. 101;

Sabine Stuewer: Vorsatz vorne und hinten, S. 11, 14, 16, 27, 29, 35 (3), 36 (2), 37 (2), 38 (3), 39 (3), 40 (3), 41 unten links und oben rechts, 44 (3), 45 (4), 46 (2), 47 (2), 48 (2), 49 (2), 50 rechts, 51, 52 (2), 53 (3), 54 (2), 55 (4), 56 (3), 57 (3), 58 oben links und unten links, 61 (3), 62 (2), 63 (3), 97, 99, 116

Die Welt der Pferde

Vom Wildpferd bis zum Zirkuspferd

ponys

EDEL MARZINEK-SPÄTH

Rassen
Herkunft
Verhalten

Wie leben Pferde heute, wovon ernähren sie sich, welche Arbeit verrichten sie? Alles über ihr Leben und ihre Bedürfnisse. Unentbehrlich für engagierte Pferdefreunde!

Ein Buch über Ponyrassen in Europa, Verhaltensweisen und Bedürfnisse sowie Sport und Freizeit mit Ponys. Ein Muß für alle, die Ponys und Kleinpferde lieben!

CHRISTINE LANGE

Welcher Reitstil paßt zu mir?

Birgit van Damsen

Ich lerne voltigieren

Die faszinierende Welt der Reitweisen – vom modernen Dressurreiten übers Westernreiten bis hin zum Gangpferdereiten. Für alle, die herausfinden möchten, welcher Reitstil am besten zu ihnen paßt!

Ein Buch übers Voltigieren – von den ersten Übungsstunden bis hin zu Vorführungen und Wettbewerben. Für alle, die sicher und mit Freude voltigieren möchten!